安部恭子
橋谷由紀
［編著］

「みんな」の学級経営

伸びる つながる

5年生

目次 CONTENTS

「みんな」の学級経営 伸びる つながる 5年生

プロローグ
学級経営を学ぼう ………………………………………… 005
[小学校の学級経営] 学級経営の充実を図るために ………… 006
[5年生の学級経営] プレリーダーとしての意識を育む ……… 014

第1章
ちょっとひと工夫！
5年生の教室環境づくり ………………………………… 017

安心して学べる美しい教室環境に …………………………… 018
大切なもの「学級の合言葉」…………………………………… 020
創意工夫を大切にするオリジナル係ポスター ………………… 022
創意工夫の係コーナーとBook係の活動掲示例 ……………… 024
学習のねらいに合った座席配置 ……………………………… 026
1日1日を大切にした、カレンダー掲示 ……………………… 028
一人一人の役割を明確にした当番活動一覧表 ……………… 030
掲示物の扱い方 ………………………………………………… 032
子供がつくる教室掲示 ………………………………………… 034
友達の作品が一番のお手本 …………………………………… 036

第2章
これで完璧！
5年生の学級づくりのコツ ……………………………… 039

子供たちの思いを生かした学級づくり！……………………… 040
クラスがまとまる学級目標 …………………………………… 042

002

再確認！　朝の会・帰りの会のもち方	044
あたたかい気持ちで班編成	046
責任感を育てる当番活動	048
学年だより作成のポイント	050
学級通信が保護者と学級の架け橋	052
褒めるとき・叱るときに大切なこと	054
高学年における係活動	056
よりよい学校をつくる委員会活動	058
子供同士のけんか	060
クラスが荒れはじめたら	062
子供の話を聞く技術①	064
子供の話を聞く技術②	066
情報モラルの指導	068
保護者の信頼は、積み重ねから生まれる	070
保護者に「寄り添う」個人面談	072
アンケートの活用で、保護者から信頼を得る	074
高学年の自覚！　めあてをもった運動会に	076
よりよい人間関係形成を目指した自然教室	078

第3章

子供たちの学習意欲を伸ばす！
5年生の授業のコツ …… 081

[授業に入る前に　Check Point]

今日を振り返り、明日の見通しをもつ「予定帳」	082
主体的な学びを目指した「ノート指導」	084
[国語科]「大造じいさんとガン」の作品を自分なりにとらえ、朗読しよう	086
[国語科] 本を薦める文章を書こう	090
[算数科] 算数ノートのつくり方	092

| ［算 数 科］身近なデータで興味をもって ………………………………… 094
| ［社 会 科］工夫ある導入が、主体的な学びを生む …………………… 096
| ［理   科］見付けよう！　命のつながり ………………………………… 098
| ［音 楽 科］クラスがまとまる歌唱指導 …………………………………… 100
| ［家 庭 科］学校での学習を家庭で実践！ ……………………………… 102
| ［体 育 科］ICT機器を活用した楽しい跳び箱運動 …………………… 104
| ［外国語科］文字指導のアクティビティ …………………………………… 106
| ［道 徳 科］正直である自分の姿を考える ……………………………… 108
| ［総   合］今ある情報の視覚化 …………………………………………… 110
| ［特別活動］学級活動で楽しく豊かな学級づくりを …………………… 112
| ［特別活動］学級会の事前の活動　計画委員会を開こう！ ………… 114
| ［特別活動］学級会で、楽しく豊かな学級生活をつくる！ …………… 116
| ［特別活動］みんなで決めて、みんなで実践！　事後の活動 ……… 118
| ［特別活動］学級活動で、集団思考を生かした意思決定 …………… 120

第4章

5年生で使える「学級遊び」 …………… 123

拍手のリレー …………………………………………………………………… 124
つないで運ぼう ………………………………………………………………… 126
I like winter. …………………………………………………………………… 128
This is for you. ………………………………………………………………… 130
What are you doing? ………………………………………………………… 132

編著者・執筆者一覧 …………………………………………………………… 134

プロローグ

学級経営を学ぼう

小学校の学級経営

学級経営の充実を図るために

文部科学省 初等中等教育局
教育課程課 教科調査官　**安部 恭子**

1　学級経営をどう考えるか

　今回の学習指導要領は、全ての教科等が資質・能力で目標や内容を整理しているのが大きな特徴となっています。特別活動の場合、これまでも大事にしてきた人間関係形成、社会参画、自己実現の三つの視点をもとに作成しています。小学校の総則と特別活動にはこれまでも学級経営の充実に関する表記がありましたが、今回、教科担任制である中学校の総則と特別活動にも学級経営の充実が示されました。

　学級経営が大事なのは分かっているけれど、どんなことをすればよいのか、どう充実させればよいのかということを先生方はお悩みになっているのではないでしょうか。子供たちの教育活動の成果が上がるように、学級を単位として諸条件を整備し、運営していくことが学級経営であるととらえると、子供たちの人間関係をよりよくつくることも、環境整備も、教材を工夫することも、日々の授業をつくっていくことも学級経営の重要な内容であり、多岐に渡ります。ここが問題かなと思います。

　今回の学習指導要領では、根本のねらいとして、子供たちが自らよりよい社会や幸福な人生を切り拓いていくことができるようにするため、必要な資質・能力を育むことがあげられています。ですから、**学校生活において、子供たちが自らよりよい生活や人間関係をつくっていく基盤となるのが学級経営の充実だと、私はとらえています。**大切なのは、どんな学級生活・学級集団を目指したいのかという教育目標を、先生がしっかりともつことだと思い

ます。自分の理想だけを考えていると現実と合わなくなってしまいますから、目の前の子供たちの実態を見据えながらどんな資質・能力を育みたいかを考え、学級の教育指導目標を立てていくことが大切です。

　年度当初の計画において重要なことは、学年としてどのように指導していくか、共有化していくことです。しかし、学校教育目標や学年目標を共有化して共通理解を図って指導しようとしても、学級によって子供たちの実態は異なります。1年生から2年生に上がるという点は同じでも、これまでの学級生活が異なることから、各学級ではどうしても違いがあります。

　そのような中で、今までみんなはこういう生活をしてきたけれども、「これからは2年○組として一緒の仲間だよ」と子供たちに考えさせていくためには、子供の思いや保護者の願い、そして担任の指導目標を踏まえた学級の目標をしっかりとつくり、目指す学級生活をつくるために「みんなはどんなことを頑張っていくのか」ということを考えさせないといけません。「こういう学級生活をつくりたいな」「こういう○年生になりたいな」という思いをきちんと年度当初にもたせないと、学級目標は単なる飾りになってしまいます。学級活動では、「○年生になって」という題材で、自分が頑張りたいことを一人一人が決める活動がありますが、例えば2年生なら、単に「算数科を頑張る」「生活科を頑張る」ではなく、**一番身近な2年生の終わりの姿を子供たちに見通させ、その上で今の自分について考え、どう頑張っていくかを子供たち一人一人が具体的に考えるようにします。**このことがなりたい自分やよりよい自分に向けて頑張っていける力を付けていくことになり、自己の成長を自覚し、自己実現にもつながっていくのです。

2　人間関係形成と課題解決力育成のために学級経営が果たす役割とは

　平成28年12月の中央教育審議会の答申において、**「納得解」**を見付けるということが示されています。このことと特別活動・学級経営との関わりは大きいと思います。平成29年11月に公表されたOECDの学力調査でも、日本の子供たちの協同して問題解決する力は世界で2位でした。身近な生活を

見つめて、自分たちの学級生活や人間関係をよりよくするためには、どんなことが問題なのか、どうすればよいのかに気付き、考える子供を育てる必要があると思います。低学年では、まずは「みんなで話し合って、みんなで決めて、みんなでやったら楽しかった」という経験がとても大切です。そこから自発的・自治的な態度が育っていくのです。本音で話し合える学級をつくるためには、本音を言える土壌をつくっておかなくてはなりません。担任の先生が、一人一人が大事な存在なのだと示し、支持的風土や共感的土壌をつくっていくことが大切です。また、子供たち同士の関わりの中で、他者との違いやよさに気付き、我慢したり、譲ったり、譲られたり、といった集団活動の経験を積み重ねていくことが必要です。

　子供たちにとって、学級は一番身近な社会です。家庭から幼児教育の段階、小学校の段階とだんだん人間関係が広がっていき、子供たちは、自分とは異なる多様な他者がいるのだということや協働することの大切さを学んでいかなくてはなりません。そのために、新年度において担任と子供の出会い、子供同士の出会いをどのように工夫して演出し、どのように人間関係をつくっていくかということがとても大切になってきます。

　学級活動で言えば、例えば「どうぞよろしくの会」や「仲よくなろう会」など、お互いのことを知って人間関係をつくっていけるような活動を、子供たちの話合い活動を生かして意図的・計画的に組んでいくことが必要だと思います。また、教室に入ったときに「これからこの学級でやっていくのが楽しみだな」と思うような準備をするとよいでしょう。例えば、先生と子供、子供と子供で、お互いの名前が分かるような掲示を工夫するとよいと思います。**私は４月の最初の日だけではなく、毎日必ず黒板に子供へのメッセージを書いていました。**出張でどうしても帰ってこられない日は無理ですが、それ以外の日は、詩を書いたり、前日の活動やこれから行う活動のことについて、「こういうところを頑張ったね」「こういうことを頑張っていこうね」ということを書いたりしました。最初の出会いづくりを工夫し、子供たち自身が学級に居場所を感じて愛着をもてるようにすることを目指したのです。

　また、特別支援学級に在籍している子供でなくても、支援が必要な子供は学級の中にたくさんいるでしょう。例えば、問題行動を起こす子供がいた場

合、その子供自身が一番困っているので、そこをきちんと理解してあげることが大切です。また、その子供に合った合理的配慮をしたり、ユニバーサルデザインなどの視点で環境整備をすることも大事です。そして何よりも、集団生活においては、周りをどう育てるかがより大事なのです。もちろん個人情報に関わることは伝えてはいけませんが、この子供はこういうことは得意だけれどもこういうことは苦手なのだというような特性を、子供たちが分かって接するのと分からないで接するのとでは、全然違うと思います。

　また、日頃しゃべらない子が、ある2、3人の子供とは話すことがあります。そういうことを先生がきちんと見取って、グループ分けするときに配慮することも必要です。先生だけが知っているのではなく、子供たちがお互いのよさを分かり合えるような機会をつくってください。いつも仲よしだけで遊んでいるのではなく、**お互いを知り、よさに気付き合い、頑張り合ってクラスの仲が深まるような活動を、ぜひ学級活動でやっていただきたいと思います。**

　子供たち自身に「このクラスでよかったな」「自分はこの学級をつくっていくメンバーなんだ」という意識をもたせるためには、学級担任の先生が子供たちのことが好きで、学級や学校への愛着をもつことがまず必要ではないでしょうか。日本の先生方は、大変きめ細かく子供たちのことをよく考えて指導しています。朝は子供たちを迎え、連絡帳や学級通信、学年だよりなどを通して保護者との連携を図り、学年同士のつながりも考えて、先生方は子供たちのために一生懸命取り組んでいます。そういうところは、本当にすばらしいと思います。

　先生方には、本書や『初等教育資料』などを読んで勉強したり、地域の教育研究会やサークルなどを活用したりして、共に学んでいく中で自分の悩みなどを言い合えるような人間関係をつくっていくとよいと思います。

3　教科指導と学級経営の関係性

　学級経営は、「小学校学習指導要領解説　特別活動編」に示されているように、学級活動における子供の自発的・自治的な活動が基盤となりますが、特別活動だけで行うものではありません。**教科指導の中で学級経営を充実さ**

せていくことも大切なのです。結局、子供たちによい人間関係ができていなければ、いくら交流しても学び合いはできません。例えば発表しなさいと言っても、受け入れてくれる友達や学級の雰囲気がなければ発言しようという意識にはなりません。友達の意見をしっかりと受け入れて理解を深めたり、広げたり、考えや発想を豊かにしたりするためには、それができる学級集団をつくっていかなければなりません。低学年であれば、まず「隣の人とペアで話し合ってみようね」「グループで一緒に意見を言ってみようね」などといった段階を経験させておくことも大切です。

　教科指導の中で大事なものに、**学習規律**があります。例えば、自分の行動が人に迷惑をかけてしまう、また、この授業は自分だけのものではなく、みんな学ぶ権利があって、しっかりやらなければいけない義務があるというようなことを、子供自身が自覚し、自ら学習に取り組むことができるようにしていかなければなりません。

　そして、友達が発言しているときは途中で勝手に割り込まない、相手を見て最後までしっかり聞く、という基本的なことは学習における最低限の約束なので、学校として共通理解を図り、共通指導を行っていくことが望ましいでしょう。これは生徒指導とも大きな関わりがあります。

4　特別活動における基盤となる学級活動

　学習指導要領では、特別活動の内容として〔**学級活動**〕〔**児童会活動**〕〔**クラブ活動**〕〔**学校行事**〕の四つが示されています。前述のとおり、特別活動は各教科の学びの基盤となるものであり、よりよい人間関係や子供たちが主体的に学ぼうとする力になると同時に、各教科の力を総合的・実践的に活用する場でもあります。そういう点で各教科等と特別活動は、往還関係にあると言えます。特別活動の四つの内容も、各教科等と特別活動の関係と同じように、学級活動での経験や身に付けた資質・能力がクラブ活動に生きたり、クラブ活動での経験が児童会活動に生きたりといった往還関係にあります。その中で基盤となるのが、学級活動です。

　学級活動については、学級活動（1）は子供の自発的・自治的活動、つま

り学級の生活や人間関係の課題を解決していくために話し合い、集団として合意形成を図り、協働して実践すること、学級活動（2）は自己指導能力、今の生活をどう改善してよりよい自分になっていくか、学級活動（3）は現在だけではなく将来を見通しながら今の自分をよりよく変えて、なりたい自分になるため、自分らしく生きていくために頑張ることを決めて取り組んでいけるようにします。**学級活動は、このように（1）と（2）（3）では特質が異なるため、特質を生かしてしっかりと指導していくことが必要です。**

　学級は子供にとって毎日の生活を積み上げ、人間関係をつくり、学習や生活の基盤となる場であり、そこから学校を豊かにしなければいけません。学級生活を豊かにするためには、目の前の子供たちを見つめ、どういう実態にあるのかをしっかりと把握し、どんな資質・能力を育んでいくのかを先生がきちんと考えることが必要です。

　今回の学習指導要領では、活動の内容として、（3）が新たに設定されました。いろいろな集団活動を通して、これらを計画的・意図的に行っていくことが必要になります。

　学級活動（1）で、議題箱に議題が入らないと悩んでいる先生が多くいらっしゃいます。これは、子供自身に経験がないため、どんな議題で話し合ったらよいか、その発想を広げることが難しいのです。学級会の議題を出させるためには、例えば、「上学年のお兄さん、お姉さんに聞いておいで」と指示したり、「先生は前のクラスでこんなことをやったよ」ということを話してあげたり、教室環境を整備したりといった取組が考えられます。各地の実践を紹介すると、「学級会でこんなことをやったよ」と、全学年、全学級の学級会で話し合った議題を提示している学校があります。また、ある学校では、教室に入ってすぐある掲示スペースに、次の学級会ではこんなことを話し合いますという学級活動のコーナーをつくり、子供たちがすぐに見て情報共有できるような工夫をしています。このような創意工夫が、子供たちが生活上の問題に気付く目を育てるのです。

　また、**学級活動における板書の役割はとても大きいのです。**よく、「思考の可視化・操作化・構造化」と言いますが、構造化とはパッと見て分かるようにすることですから、意見を短冊に書いて、操作しながら分類・整理して

比べやすくしたり、話合いの状況や過程が分かるようにしましょう。こうした力は学級活動だけではなく、教科の学習でも生きてきます。

　学級活動の（2）（3）においても、「今日は1時間、こういう学習を経て、こういうことを学んだ」ということが板書で明確になっていないと、子供たちの学びは高まりません。ある地域では、**「つかむ→さぐる→見付ける→決める」**という四つの段階を経ることを基本事例として黒板に明確に示し、これを教科でも使用しています。最初に課題をつかみ、どうすればよいのかを話し合い、みんなで見付けた解決方法を発表し合い、自分の力で次の例題を解いていくのです。1回の話合いや集会などの実践だけが大事なのではなく、実践をもっと大きくとらえ、事前から事後までのプロセスを意識する必要があるのです。また、実践して終わりではなく、成果や課題について振り返り、次の課題解決につなげることも大切です。

　学級会における板書等の経験が、児童会活動の代表委員会で活用されるなど、汎用的な力となるようにします。また、特別活動で育成した話合いの力は、国語科や社会科のグループ活動などにも生きていきます。活動を通して子供たちにどんな力を付けさせたいのか、何のための実践なのかをきちんと意識して話し合い、次に課題があったらつなげていく。前の集会のときにこうだったから今度はこうしよう、というように経験を生かせるようにします。

　振り返りのときに、よく、「お友達のよかったことや頑張ったことを見付けましょう」と言いますが、よさを見付けるためには先生が『よさの視点』をしっかりもって子供に指導することが大切です。「どんなところがよかったのか」「課題は何か」などを具体的に示すことで、子供たちの学びが深まります。年間指導計画も例年同じ議題を例示するのではなく、今年はこういう議題で話し合って実践したということを特活部会等で話し合い、組織を生かしてよりよく改善していく、そういう姿勢も学級経営の充実につながるのではないでしょうか。

5　学校行事と学級経営の関係

　今回の学習指導要領の特別活動の目標では、「知識及び技能」で、「集団活

動の意義の理解」を示しています。このことは、行事も単に参加するのではなく、何のために参加するのかという意義を子供にきちんと理解させた上で、自分はどんなことを頑張るかという目標を立てさせて取り組ませ、実践して振り返ることが必要になってくるからです。

　学校行事の大きな特質は、学年や全校といった大きな集団で活動するという点です。学級でいるときよりも大きい集団の中での自分の立ち位置や、みんなで一緒に行動をするためには他者を考えなければいけないという点で、学校行事と学級経営は大きく関わってきます。

　日頃の学級経営を充実させ、学級としての集団の中で自分はこういうことに気を付けていこう、よりよくするためにみんなで決めたことを協力し合って頑張っていこうという意欲を高め、一人一人の子供がよさや可能性を発揮して活動することができるようにします。そこでの基盤はやはり、学級活動になります。

　特に学校行事の場合、高学年は係等でいろいろな役割を果たします。学級集団の中で役割を担い、責任をしっかり果たすという経験は、学校行事の中でも生きてきます。学級の中ではなかなか活躍できない子供も、異年齢の集団活動である学校行事やクラブ活動、児童会活動の中で活躍することによって、リーダーシップを発揮したり、メンバーシップの大切さを学んだりします。そして、自分もやればできるという自己効力感を感じたり、自分もこういうことで役に立てたという自己有用感を感じたりすることができるのです。例えば、集会活動には司会役やはじめの言葉など、いろいろな係分担がありますが、やりたい人だけがやるのではなく、学級のみんなが役割を担って集会を盛り上げ、責任を果たすことが大事です。

　話合いや実践後には、先生が子供たちのよさや頑張りを具体的に褒めてあげることも大切です。そして、内省し、友達に対して自分はどうだったかを考えることができる子供を育てるためには、振り返りを大事にします。

　「こんなことを頑張った」というプラス面を見ていきながら、「次はこういうことをもっと頑張ろう」と次に向かう力につなげ、前向きに頑張れる子供を育ててほしいと思います。

5年生の学級経営

プレリーダーとしての意識を育む

異年齢交流の中でリーダーシップを育てる

　5年生では、委員会活動が始まり、学校の仕事を自分たちが担ってよりよくしていこうという自治的能力や社会参画の意識が高まる時期です。先生方は、目指す高学年像をきちんともって、子供たちを支えていきます。例えば、最初に委員会の役割分担等を決めるときには、5年生がその役割を担うことで、下学年も含めて学校のみんなが過ごしやすくなるということを伝えます。「しっかりやってくれたおかげでみんなが助かったよ、ありがとう」という担任や担任以外の先生からの言葉があることで、「責任を果たすって大事なんだな、頑張ってよかったな」という思いが生まれます。また、委員会活動等で、6年生だけでなく、5年生もきちんと学級の思いを生かして発言できる機会の充実を図ることで、プレリーダーとしての意識が高まります。

　先生方には、学校で決まっている委員会活動の仕事の中で、子供の発意・発想を生かすという意識をもっていただきたいと思います。先生方も、自分が経験した中で子供たちを指導されているので、担当の先生を決めるときには特活主任を中心に、学校全体で共通理解を図ることが必要です。

　5年生は、発育的な段差も、学力の面での個人差も出やすい時期です。学級の中であまり活躍できない子供がリーダーシップを発揮できる機会となる異年齢との集団活動には、大きな価値があります。組織を生かし、他の学年の先生と計画を確認し合い相談し、学校全体で子供たちを育てていくのだという意識を、先生方がもつことが大切です。学級担任が把握している子供の姿は一部分ですから、多面的によさを見取ることが大切です。例えば縦割りで行う掃除や異年齢による交流活動のときに、子供たちの多様なよさや頑張りをいろいろな先生が担任に伝えることで、子供たち自身が自分のよさや可能性をさらに発揮していくことにつながります。**また、子供同士で固定的な**

見方が高まってきたり、男女で分かれたりしがちな時期ですから、グループが男女混合になるような座席の工夫や、いろいろな学習活動で男女が協力して取り組むことができるようにする工夫などは絶対に必要です。

実践を生活に生かすために

　学習規律については、「もう5年生だから大丈夫」と手を離すのではなく、「きちんと見ている」ということが子供に伝わるようにしてください。特に年度当初の指導を重視し、きまりを守ることの大切さを、学級活動や集団活動を通して子供たちに自覚が高まるようにします。多くの学校では、5年生で2泊3日の集団宿泊活動を行っています。寝食を共にする中で、「5分前行動って大事なんだな」「みんなで協力したからうまくいったな」などの経験をさせてあげることが大切です。子供たち自身が目標や役割への意識をもって当日の活動に取り組み、振り返り、成果や課題を次に生かすことが重要です。

　集団宿泊活動をする前と後では、子供の姿は大きく変わります。協働的な意識が高まりますし、規範意識や規律という点でも、自分が少し遅れただけで皆に迷惑をかけてしまうことに気付くなど、多くを学びます。ただし、せっかく高まった意識もその後、何もしないと下がってしまいます。学習指導要領　第2の「学校行事　3内容の取扱い」では、体験活動を通して気付いたことなどを振り返り、まとめたり、発表し合ったりする事後の活動の充実が示されています。子供の経験を道徳的実践として実生活に生かすためには、振り返りの充実や環境整備、掲示資料の活用が大事です。

　例えばある学校では、集団宿泊活動に行った後に作文を書くだけでなく、自分が学んだことや心に残ったことをキーワードにして、写真とともに掲示しています。そうすると、「○○さんはこういうことを学んだんだ」「私も一緒だ」「なるほど」などと、子供たちが学び合えます。「今日、自分はここを頑張ることができた。次はこういうことを頑張ってよりよくしよう」という前向きな意欲につながるような振り返りをすることが、子供たちの学びに向かう力にもつながり、学習集団としても高まっていきます。異年齢交流でも集団宿泊活動でも、こうした事後の活動が大切になるのです。

第1章

ちょっとひと工夫！
5年生の
教室環境づくり

教室環境の基本スタイル

安心して学べる美しい教室環境に

ねらい

子供たちが安心して学べる美しい教室環境を整えることで、教育効果を高めます。

教室環境づくりの三つのポイント

　子供が1日の多くの時間を過ごす場所である教室は、安心して生活できる場であり、学びの場でもあり、人間関係を豊かにする場でもあります。教師は子供たちの目線に立って、よりよい環境づくりを目指していくことが大切です。

安心・安全な環境づくり

　子供たちが互いに気持ちよく安心して生活でき、清潔な環境づくりに努めます。子供の目線で教室内を歩くなど教師は細かく目を配り、安全に過ごせる場となっているか注意しましょう。

学びの場となる環境づくり

　授業で使用した資料や子供たちの学習の成果を掲示し、互いに見合って紹介したり、認め合ったりできる場となる環境づくりに努めます。季節ごとや教科ごとにコーナーを設置し、更新できるようにすると子供たちの学習に対する関心や意欲も高まるでしょう。

整理整頓された美しい環境づくり

　掲示物や壁面が効果的に工夫して活用され、机の配置や机上も整頓された落ち着きのある過ごしやすい環境づくりに努めます。子供の手本となる教師自身の机上の整頓も日頃から心がけましょう。

第1章　ちょっとひと工夫！　5年生の教室環境づくり

▼教室スタイルの例（背面）

学級のあゆみ
これまでの行事や集会、学習の様子を写真とコメントを入れて掲示します。

係活動コーナー
係ポスターの掲示と各係からのお知らせを掲示します。各係のアドバイスカードやありがとうカードなどを掲示するのもよいでしょう。

めあてコーナー
学級活動（2）や（3）で立てためあてや振り返りを掲示します。

学習コーナー
授業で使った資料や自主学習を頑張っている子供のノートなどをコピーして掲示します。

学級会コーナー
次回の学級会の議題等を書きます。議題ポストも設置します。

▼教室スタイルの例（前面）

▼教室スタイルの例（側面）

窓の下のスペースを利用して、各委員会からのお知らせを掲示しています。

教室前方は必要なものだけをシンプルに整えて掲示し、学習の妨げにならないよう配慮します。また、多くの配色は避け、教室の最後列からでも見えるように太く大きな字体を使うことも大切です。

――――― 教室環境づくりのポイント ―――――

　教室内のスペースには限りがあります。空いているスペースを有効利用しましょう。

学級の合言葉に向かって「みんなで歩む」

大切なもの「学級の合言葉」

ねらい

集団としての願いや自分たちがなりたい姿を考え、自分たちで「学級の合言葉」をつくります。また、友達と関わり合う中で目標を達成していこうとする態度を育てます。

学級の合言葉は、自分たちのなりたい姿！

　高学年になって、さらに学校生活への期待をふくらます子供たちは「どんなクラスかな」「いいクラスにしたいな」と希望をもって進級してきます。この最初の時期に、目指していきたい姿や理想の学級生活について話し合い、学級の合言葉を自分たちで決める活動は大変意義があります。

　学級の合言葉には、学校教育目標や教師の指導目標、地域や保護者の願いも込められるべきものです。そして、何よりも子供たち自身の思いや願いが強く込められるべきです。**学級の合言葉とは、与えられるものではなく、仲間たちとどのような1年間にしたいのかを決める自分たちの問題なのです。**

　決めていく過程としては、まず、一人一人の思いをはっきりさせます。「自分はこういう学級生活をしたい」「自分はこうなりたい」という願いや思いをもち、出し合います。そうして集めた意見を比べ合い、「**自分たち**はこういう学級生活をつくりたい」「**みんなと**こうなっていきたい」という視点に変え、学級の合言葉を決めていきます。この目標は個人の努力だけでは達成できません。集団活動を通して初めて達成できるものです。

　また、みんなで決めた目標に向かって努力していけるように、年間を通して意識したり、今の自分たちを振り返ったりする活動も大切になります。

第1章　ちょっとひと工夫！　5年生の教室環境づくり

▼みんなでつくった学級の合言葉

▼「合言葉」の実現に向けた活動

学級の合言葉の掲示の形は、様々なものが考えられます。左の写真は、1文字ずつや、1画ずつを全員で担当し、みんなでつくりました。最後までみんなで活動することを大切にします。

合言葉の実現に向けた生活づくりを考えたとき、今の段階で何が自分たちの課題かを、子供たち自身が見いだし、達成に向けて必要なことをさらに具体的に示して掲示します。これらの課題を解決できたとき、合言葉に示した学級生活が実現するという意識をもつことが具体的な行動につながります。

今の学級の課題
（より具体的な目標）

例えば合言葉に「信じ合う」とあれば、それが具体的にどんな姿なのかを話し合い、「違いを認め合い、助け合う」というように具体化し、実現に向かって実践していきます。

係活動の掲示①

創意工夫を大切にするオリジナル係ポスター

ねらい

創意工夫し、友達と協力して、自分たちらしい係のポスターをつくります。また、進んでポスターづくりに取り組むことで、係や学級に愛着をもてるようにします。

切って貼って自分たちだけの「係ポスター」をつくろう！

　係活動は、子供たちが自主的に創意工夫をもって行う活動です。自分の好きなことや得意なことを生かせる係活動には、主体的に取り組むことができます。当番との区別を明確にし、係は「学級や学校生活がよりよいものになり、友達が笑顔になれるもの」といった視点で活動内容を考えていきます。

　発想が豊かになっていくこの時期、時間をかけて係探しにじっくりと取り組むのもよいでしょう。自分の係が決まると、子供たちは何をしていこうかと、わくわくします。そこで「オリジナルの係ポスターをつくろう」と投げかけます。オリジナルのものをつくる活動は、とても楽しいものです。

　ポスターづくりの助言のポイントとしては、子供たちの自由な発想を大切にするので、「いいね」「上手だね」というような励ましや褒めることが中心であると思いますが、**「色を重ねるときれいになること」**や**「四角い形ではなく、いろいろな形にしていくこと」「文字を直接書かずに色画用紙でつくってみること」**などが挙げられます。工夫を始めると、その楽しさに夢中になり、きっとすてきなポスターが教室を飾ることになると思います。

　同じ係の友達と頭を寄せ合い、相談しながら楽しくつくっていく活動は、完成までの過程にも子供同士がつながれるすてきな場面が数多くあります。

第1章 ちょっとひと工夫！ 5年生の教室環境づくり

▼自分たちだけのオリジナル係ポスター！

ポスターづくりのポイント
○自分たちらしい係の形を考える
○色画用紙を重ねる・文字もつくる
○工夫を楽しむ

▶
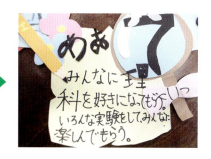

自分たちが目指す「めあて」は大切です！

係活動の掲示②

創意工夫の係コーナーとBook係の活動掲示例

ねらい

子供が見通しをもち計画的に係活動に取り組めるようにします。また、活動の時間や場を大切にして創意ある活動に取り組めるようにします。

「係コーナー」を充実させよう！

教室に「係コーナー」をつくることで、子供たちは進んで係活動に取り組めるようになります。子供たちが生き生きと、創造豊かに活動できるように係のお知らせや、取組を表現できる場所を意図的に設けましょう。

それぞれの係に1枚のコルクボードやホワイトボードを用意し、係で相談して自由に使ってよいことを伝えます。子供たちは自由な発想でボードに係の名前を飾ったり、お知らせを書いたり、アンケートやそれを回収する箱を設置したりします。そういった活動が、子供たちの意欲を高め、係活動の活性化につながっていきます。また、友達がどんな活動をしているのかも分かるようになり、友達の考えに刺激されることもあるでしょう。そんな中で互いの活動を支え合い、よりよい学級づくりにもつなげていきます。

それぞれの係が、子供たち自身で、その係に合った表現方法で掲示物をつくれるようにします。例えば、本や読書に関する係であれば、「みんなが本に親しめるようにしたい」といった願いから始まる活動が考えられます。アンケートをとって、みんなの興味のある本を紹介することや、各自がおすすめの本を紹介する活動などが考えられます。それを表現できるような場をつくることが大切なことです。どの係の子供も自ら活動することへの意欲をもち、自主的に取り組む姿がより多く生まれる教室にしていきましょう。

第1章　ちょっとひと工夫！　5年生の教室環境づくり

コルクボードを活用した
係コーナー

背面黒板を活用した係コーナー

お菓子の空き箱を使ってポストがつくれます！

ポップをつくって楽しく紹介！

おすすめの本が書かれています。

「Book係」掲示例

025

座席配置の基本

学習のねらいに合った座席配置

ねらい

学習のねらいに合った座席配置をすることで、学習効率の向上やよりよい人間関係を育みます。

取り組む活動に合わせた座席配置

　教室では、誰がどこに座るかを決める前に座席をどのように配置するのかを決めます。座席配置には様々な形態があり、各教科等や活動の目的をよく考えてから配置するとよいでしょう。

　座席は、黒板方向に向けて配置する方法が一般的です。詰め過ぎず通路を確保し、教師が机間指導しやすいようにしましょう。学級の人数にもよりますが、男女をペアにして配置することが多いでしょう。2列目以降を男女互い違いに配置することで、異性同士が自然と関わり合えます。

　座席を4人1組などで向かい合わせる形は、小グループでの話合いや協同学習に向いています。人数については3～5人くらいで、クラスの実態を考慮して調整しましょう。

　学級会では机をコの字に配置するだけでなく、より近くで話し合うために机を取り払ってイスのみを半円に配置して話し合う方法も考えられます。子供たちの実態に合った配置を考えることも大切です。

　また、視力や身長等の身体的な配慮、人間関係的な配慮を考慮した席替えの方法に関しては本書P.46、47に載せています。

第1章 ちょっとひと工夫！ 5年生の教室環境づくり

▼教室の座席配置例

「講義型」

全員が前を向いている配置です。教師による全体指導、一斉指導の際など集中して話を聞かせたいときに効果的な配置です。個人での配置やペアで配置する方法があります。両端の列を斜めにすると、黒板が見やすくなります。

「グループ型」（3～5人）

小グループでの話合いや共同制作に向いている配置です。一人一人の発言機会を増やすなら人数を減らすということも考えられます。給食の際などもこの配置が一般的です。

「コの字型」

学級会や全体で一つの事柄について話し合う際に効果的な形態です。子供同士が互いの表情を見やすく、話している人の方向に体を向けやすい配置です。

掲示物は分かりやすく①　通年掲示

1日1日を大切にした、カレンダー掲示

ねらい

学級での出来事や、感じたことを毎日記録していくことで、自分たちの思い出を一つずつ積み重ねていきます。このような活動を通して学級への所属感や、日々成長していくということへの意識を高めていきます。

学級のオリジナル「カレンダー」をつくろう！

5年生になり、高学年の仲間入りをした子供たちは、期待も高まり新しい学級に対しての願いや希望をもって進級してきます。そこで、毎日の積み重ねが最後には、自分たちの大きな成長につながっていくことに気付かせていきましょう。「カレンダー」づくりは、日々の生活の中での出来事や感じたこと、また、学んだことを毎日記録していく活動です。

毎日の活動なので、日直の子供が書くようにすると、全員でつくりあげたものとなっていきます。「みんなでつくったみんなの思い出カレンダー」を意識して取り組むとすてきなカレンダーができていきます。

カレンダーづくりのポイントは、「自分たちの学級ならでは」という視点をもたせることです。 単に、行事やあったことを書くのではなく、そこから感じたことや、学級の友達に目を向けた内容を書いていくと自分たちだけのカレンダーになります。また、その日に見付けた自分たちの学級のよさや、課題を記録することで、友達同士がつながり、主体的な学級づくりの意識が高まります。振り返りの活動でも、これまでの活動を振り返って、次につなげていくことができます。年度末には、自分たちの1年間のあゆみや成長を共有し、次のステップへとつなげていくものとしても活用できます。

第1章 ちょっとひと工夫！ 5年生の教室環境づくり

▼模造紙でつくるオリジナルカレンダー

マス目入りのカラー模造紙は使いやすく、教室も明るくなります。好きな絵を描くのもよいでしょう。

その月ごとに教師からメッセージを贈ります。

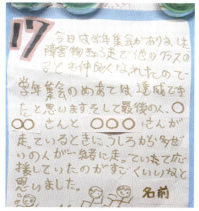

掲示物は分かりやすく②　当番活動一覧表

一人一人の役割を明確にした当番活動一覧表

――― ねらい ―――

給食当番や掃除当番の役割を明確にすることで、自分がやるべき仕事を明確にして、主体的に活動できるようにします。

当番表は、役割を明確に！色分けで分かりやすく！

　日常の給食当番や掃除当番は、子供たちが力を合わせて働くことで、学級や学校の生活の向上に貢献する喜びを実感することができる大切な活動です。活動を通して、働くことの意義を理解することにもつながります。しかし、自分の役割が不明確であると何をすればよいか戸惑ったり、人任せにしてしまったりすることがあります。一人一人の役割を明確にし、責任をもって取り組むことができるようにする工夫が必要です。また、全ての役割を公平に経験することも大切なことです。そのためには、4月当初に、当番表を作製することが必要となります。

　給食当番や掃除当番の一覧表は、学級の規模や学級が担う掃除場所の数などの諸条件によって変わってきます。ですから、毎年新たに作製しなければなりません。**特に、高学年になると、特別教室等の掃除分担が増えるため、人数配分にも配慮が必要です。**給食当番表と掃除当番表をそれぞれつくる場合もありますが、一体にした分担表をつくることも工夫の一つです。特に、給食の後、すぐに掃除時間が設定されている場合には、給食当番の子供はどうしても掃除開始が遅くなってしまうということがあります。給食当番の子供が担う掃除場所を、比較的時間のかからない場所に設定したり、表を色分けし、自分の役割を見付けやすくしたりすると効果的です。

第1章　ちょっとひと工夫！　5年生の教室環境づくり

▼給食当番や掃除当番の活動一覧表の例

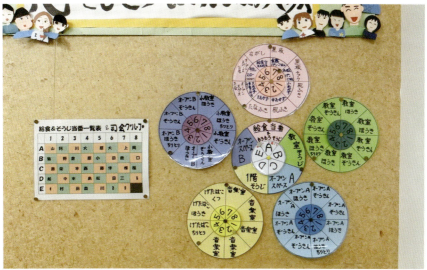

　チームと番号を示した名前表と、大まかな掃除場所を示した回転表①（1週ごとに一つ回す）、番号ごとの具体的な役割を示した回転表②（回転表①が1回転したら一つ回す）をつくります。

　写真下の一覧表を見て、自分のグループとナンバーを確認します。A6の人は、給食当番であることを確認し、給食台拭きを行い、掃除は流しを担当します。

回転表①

回転表②

掲示物は分かりやすく③　子供たちの作品

掲示物の扱い方

---- **ねらい** ----

子供たちの大切な作品などを掲示し、鑑賞したり感想交流を行ったりすることで、互いのよさを認め合おうとする態度を養います。

作品のよさを見付けよう

　意欲的に取り組み、完成させた作品は、どれもすばらしいものばかりです。友達のすばらしい作品に接することで一人一人の感性が高まり、よさを見付けることで「自分も同じようにやってみたい」と次への意欲が高まります。作品のよさに気付き、認め合えるような場を大切にしましょう。また、掲示期間が過ぎた作品はすぐに返却するか、大切に保管して、年度末に作品集のようにしてまとめてから持ち帰ることが多いと思います。どちらの場合でも、作品は子供たちの大切な著作物であることを意識して、返却忘れや破損などがないよう、注意して取り扱いましょう。

＜作品掲示のポイント＞
①**多目的空間や空き教室などを活用してギャラリーをつくる**
　※いろいろな作品を見たり、触れたりすることで、これからの制作活動への意欲を高めたり、作品をつくった友達のよさや頑張りを認めたりすることにつながります。
②**作品を傷めずに掲示する**
　※一人一人の作品は、どれも大切な著作物です。画用紙や色紙など全てが作品の範囲であると考え、傷付かないように工夫して掲示します。

第1章　ちょっとひと工夫！　5年生の教室環境づくり

▼子供の作品掲示例

上の写真は、多目的空間に移動式掲示板を設置したものです。セロテープに貼った画鋲を使うことで、作品に傷が付きません。また、高学年の作品は、下学年のよい手本にもなり、作品を見た後には、手紙などで感想交流を行うことも考えられます。

下の写真のようにすると画鋲の穴やクリップの跡が残らず、子供の作品に傷を付けず掲示することができます。作品を大切に扱う教師の姿が子供たちに伝わり、作品をつくった人も同じように大切にしようとする気持ちが育まれます。

台紙に
掲示用クリップ

画鋲に磁石

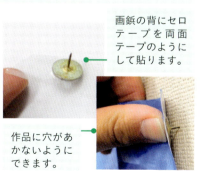

画鋲の背にセロテープを両面テープのようにして貼ります。

作品に穴があかないようにできます。

セロテープと画鋲

オリジナル掲示をつくろう

子供がつくる教室掲示

ねらい

係活動を通して、子供たちが教室掲示を主体的につくっていくことで、自分たちの学級をよりよくしていく態度を養います。

学級生活を豊かにする掲示物

　自分たちの教室の環境を自分たちでつくっていくことで、学級への愛着が生まれ、学級への所属感も高まっていくものです。ここでは、様々な係が、自分たちの学級を豊かにしようと作製した三つの掲示物について紹介します。

「記念日カレンダー」の掲示

　記念日係が、毎日、その日の出来事などをもとに「〇〇記念日」を決めて掲示していきます。学級全体に呼びかけて記念日を決めることも考えられます。「〇〇さんが苦手なにんじんをがんばって食べた日」など、子供たちが日々を価値付けていきます。

「学級のあしあと」の掲示

　学級集会や学校行事など、年間を通して様々な取組を行っていきます。その様子の写真を画用紙にレイアウトし、様々な書き込みを行って、それを順次、掲示していきます。学級での取組を想起することもでき、成長を感じるとともに、それが学級の文化となっていきます。

「ふわふわ言葉」の掲示

　掲示係が「ふわふわ言葉を掲示することで、皆がすてきな言葉を使って、なかよしになれるようにする」という思いをもって作製し、掲示します。

第1章　ちょっとひと工夫！　5年生の教室環境づくり

▼子供が作成した記念日カレンダー

これらの掲示物は、係活動を通して、子供たちが自主的に作製したものです。教師がつくらせるのではなく、あくまでも自分たちでつくって学級をよりよくしようという思いが大切です。

教室の掲示物を自分たちでつくることで、自分たちで教室環境を工夫することにつながります。それが、豊かな学級をつくることにつながっていきます。

学級のあしあと

ふわふわ言葉

夏休みの作品掲示コーナー

友達の作品が一番のお手本

ねらい

友達の作品にたくさん接することで、新しい表現や考え方に出合い、「自分もやってみたい」という次への意欲を養います。

たくさんの作品に接して、意欲を高めよう

作品掲示は、つくった子供の成果の発表と、互いの作品の鑑賞や次への意欲、動機付けなどにつながります。学級ごとに掲示することが多く、理科や社会、図画工作のように教科ごとに分類して掲示する方法も考えられます。

> 例　①学年廊下や特別教室に展示する
> 　　　低学年廊下：平面作品／中学年廊下：理科関係／高学年廊下：社会関係、など。
> 　　②体育館に集めて展示する
> 　　③近隣校と合同で作品展を行う
> 　　　科学作品展などを開催し、一定期間展示する方法と、作品を互いに貸し出す方法があります。いずれにしても、作品の取扱いには十分配慮しましょう。

作品を見た後に、お手紙を送ることも考えられます。成果を認めてもらえるとうれしくなり、「またつくりたいな」という次への意欲や、校内の人間関係をよりよくしていくことにもつながります。

※掲示物の扱い方は、本書 P.32、33 参照。

▼夏休みの作品掲示の例

近隣校と作品を持ち寄って合同作品展を開催することも考えられます。他校の作品に触れることで、今まで気付かなかった新しい考え方や表現の仕方に出合うことができます。展示会を開催する場合には、展示場所や方法、サイズなどを事前に確認しましょう。

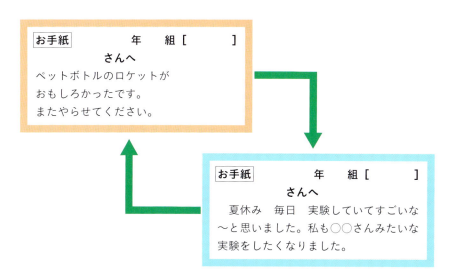

下学年や友達から作品の感想のお手紙をもらうとうれしくなります。1年生からの「すごいね」というお手紙に対して、5年生から「ありがとう」のお手紙を返します。このような交流の輪が広がると、学校内の人間関係がよりよくなり、縦割り班などの異学年交流も活発になります。

第 2 章

これで完璧！
5年生の
学級づくりのコツ

5年生の学級開き

子供たちの思いを生かした学級づくり！

― ねらい ―

新しい学級をみんなでつくっていくためにそれぞれの思いや願いを語り合い、その後の学級づくりに生かします。

 ## 自分の願いや思いを生かせる学級に！

　新学期、子供たちは大きな期待と少しの不安を抱えながら、始業式の日を迎えます。クラス発表、担任発表があり、一喜一憂しながらもわくわく、どきどきしながらあっという間に初日を終えます。自治体によっては、始業式と入学式が同日に行われ、始業式のみを行って、すぐに下校するといった地域もあります。それでも、初日の印象が、その後に大きな影響を与えることは言うまでもありません。短い時間で子供たちに安心感を与えることができるかどうかは、教師の力量が問われます。

　始業式後１週間の生活では、その後の１年間をつくっていく上で、学級のルールづくりや雰囲気づくりが大切になります。学年だよりや学級通信などを通じて、保護者にも安心感をもってもらえるようにすることにも留意する必要があります。しかし、保護者の安心のバロメーターは何よりも子供の表情であり、言葉です。子供たちが毎日、笑顔で帰宅できるようにしなければなりません。

　そのためにまず大切にしたいことは、「自分の願いや思いを聞いてもらえる学級」という印象を子供たち一人一人がもてるようにすることです。 そして、語り合ったことをもとに、個人目標づくりや学級目標の設定、係活動の決定へとつなげていきます。

①アンケートの実施

5年生になって「がんばりたいこと」や「こんな学級生活をつくっていきたい」という思いについてアンケートを実施します。

みんなで協力して、全員が笑顔で過ごせるクラスにしていきたいと思います。そのために、係活動では……。

②語り合う場の設定

アンケートをもとにどんな5年生になりたいか、どんな学級生活をみんなでつくっていきたいかを語り合います。

→ 個人目標づくりへ　　→ 学級目標の設定へ　　→ 係活動の決定へ

── 学級びらきのポイント ──

子供たちがもっている新生活への期待感や不安感を語り合い、伝え合うことで、自分の願いや思いを聞いてもらえる学級だということや、分かってもらえる教師だということを認識できるようにします。また、一人一人の思いを個人目標づくりや学級目標の設定、係活動の決定へとつなげていきます。

学級目標をつくる「みんなですてきなクラスをつくっていこう」

クラスがまとまる学級目標

ねらい

学校教育目標・担任の願い・保護者の願いなどにもとづいて、1年間の学級生活の指針となる「学級目標」をつくり、生活の向上を目指します。

学級目標を目指して1年間の学級生活を豊かにしよう！

　担任として、「すてきな学級づくりを目指したい」と誰もが思っているはずです。また、学級が一つにまとまり、楽しく豊かな日々を送ることは、子供たちはもちろん、保護者の願いでもあります。このような、子供、保護者、担任の願いを受けて、学級目標を設定します。もちろん、学校教育目標のもとに学級目標があるということも忘れてはいけません。

　学級目標の設定に当たっては、子供たちにとって、「自分たちの願いが反映されている」という思いをもてるように配慮する必要があります。また、子供たちと一緒に話し合って決める場合は、集団の目標に個人が埋没してしまったり、同調圧力がかかったりしないように留意する必要があります。一人一人の目標が尊重された上で、集団としての学級生活の目標を設定することが大切です。

　学級活動はもちろん、日々の生活の中で、学級目標を意識して様々な活動をしていきます。子供たちと学級目標の掲示物を作製して掲示することで、常に目標を意識できるようにします。学級目標から個人目標を設定し、目標に向けた自己の取組を一人一人が折に触れて振り返り、自分たちで豊かな学級生活をつくっていくことができるようにします。

①担任の願い、保護者の願いを知る

担任の願いや保護者の願いを聞くとともに、「こんな5年生になりたい」「こんな学級生活をつくっていきたい」という思いをもちます。

担任として、学校教育目標で目指す子供を育てるために、学級の一人一人を大切にしましょう。

②思いを学級で伝え合う

一人一人が考える、「こんな5年生になりたい」「こんな学級生活をつくっていきたい」という思いを学級全体で伝え合います。

私は、みんなで協力することを大切にしていきたいです。

③学級目標を設定する

教師は、子供たちにとって、自分たちの思いが込もった学級目標であるという認識をもてるように配慮して学級目標を設定します。

④個人目標を自己決定する

学級活動（3）の題材「5年生になって」の授業を行い、学級目標の実現に向けた個人目標を決定します。

学級目標の掲示物作製に当たっては、全員が1文字ずつ担当するなどして、みんなでつくることで、自分たちの学級目標という意識をもてるようにします。

―――― 学級目標掲示のポイント ――――

全員が掲示物の作製に参加し、教室に掲示します。その周りには個人目標を掲示することで、一人一人の思いが尊重されるように配慮します。単なる飾りにならないよう、意識して生活できるようにしましょう。

朝の会・帰りの会の基本

再確認！　朝の会・帰りの会のもち方

ねらい
内容を精選することで効率的で充実した朝の会・帰りの会を行い、会を円滑に進められるようにします。

 ## 効率的かつ内容のある「朝の会・帰りの会」に

　朝の会は、子供たちと教師がその日初めて集まる時間となります。1日のスタートを明るく、気持ちよく迎えられるような会にしていくことが大切です。

　帰りの会は、1日を振り返り、互いに頑張ったことを確認するとともに、明日の活動に期待がもてるようなあたたかい会にしていくことが大切です。

朝の会・帰りの会のポイント
①時間意識
　各係からのお知らせが多くなりすぎたり、スピーチが伸びたりして1時間目の授業時刻を過ぎて朝の会を続けることのないようにしなければなりません。時間を意識した進行ができるように支援していくことが大切です。

②内容の精選
　各会の内容については、朝と帰りの10分程度の短時間で行わなければならないため、内容を精選しつつ充実した会にすることが大切です。年度はじめに学年などで相談して決めることもありますが、教師の思いや子供たちの考えなども取り入れながら、学級ごとに決めていくことが一般的です。

朝の会（例）

- ○朝のあいさつ
- ○出席確認・健康観察
- ○今月の歌
- ○スピーチ
- ○係や委員会などから
  のお知らせ
- ○先生の話

> 必ず教師が実施し、子供と目を合わせるなどして普段と変化がないかを観察します。子供が自身の体調などを答えるようにすると、友達の状態を知り、お互いを思いやる関係づくりにつながります。

> スピーチは、日直または輪番制にして行います。月ごとにテーマを決め、事前にテーマを知らせたりするなどして、原稿を書いて準備できるようにするのもよいでしょう。

> 前日に知らせた連絡事項からの変更点、教室移動や行事についてなどの連絡をします。時間があれば手紙等の配付をします。

帰りの会（例）

- ○生活目標の振り返り
- ○今日のキラッとさん
- ○係や委員会などから
  のお知らせ
- ○先生の話
- ○帰りのあいさつ

朝の会・帰りの会のプログラムは、教室後方に掲示すると日直の子供たちが顔を上げて進行できます。

> 各学校で設定されている月ごとの生活目標に対し、1日を思い出して個人で振り返りをします。成功や反省を次の日に生かせるような声をかけましょう。

> その日、活動に意欲的だった子供やクラスのために貢献していた子供を称賛し、全員で共有します。互いを称賛していくことでよりよい人間関係づくりに努めます。行う際は、特定の子供ばかりに発言が集まらないようにするなどの配慮も必要です。

> 各係からのお知らせや発表など、朝の会・帰りの会は係活動を活性化する貴重な時間です。また、代表委員会等の決定事項を伝達することも考えられます。

席替え班づくりで「思いやりの心を」

あたたかい気持ちで班編成

ねらい

席替えの際に所属感・達成感を意識することを通して、より広く豊かな人間関係を育みます。

一言握手であたたかい雰囲気を

5年生になっても子供たちにとって、席替えは学習の環境的にも人間関係をつくっていく上でもとても重要なものです。

座席は、学級担任が意図的・計画的にクラスの実態や人間関係に配慮して決定します。子供に全てを任せて自由に席を替えたり、運任せにくじ引きにしたりすることなどは避けましょう。事前に視力やこれまでの座席についてのアンケートを取るなどしておくと、座席の偏りがなく決定できるでしょう。

実際に席を替える際は、今まで学習や生活で支え合った班メンバーに具体的な場面を想起させて、感謝の一言を添えて握手をするようにします。 簡単なメッセージをカードに書いて渡す方法もあります。照れながらも「この班でよかった」という所属感と達成感が生まれます。**同じように、これから支え合う新しい班のメンバーとも一言交わし、握手をします。**

握手をした後は、新しい班の名前を話し合い、決定します。班編成後にすぐに話合いを行うことで子供たちの人間関係を見取り、今後の指導に生かすことができます。また、教師は班での話合いや協同作業を考慮し、男女比や学力を考えた編成にすることも大切です。

席替え・班編成　四つのポイント（高学年共通）

①席替えは教師が行う
アンケートや意見は参考にしても、最終的には学級担任が意図をもって決定しましょう。

②友人関係を考慮する
学級の実態により、くじ引きやお見合い方式などの偶然性を排除することも必要です。

③学力バランスを考慮する
学習が得意な子供や苦手な子供を一つの班に集めず、バランスよく配置することで班の中での教え合いや助け合いを促します。

④男女の配置を考慮する
班の中で男女の人数に差が出ないようにしましょう。また、1列の中で男女を交互に配置することで意図的に交流が図れるようにします。

新しい班メンバーと握手をする

新しい班の名前を話し合う

席替え・班編成のポイント

席替えでは、子供たちが落ち着いて学習や生活に取り組むことが何よりも大切です。偶然性を排除し、教師が様々な配慮をした上で意図的に決定することが一般的ですが、くじ引きやお見合い方式などのやり方で行う場合は、子供たちだけで決めさせず、必ず教師が状況を見て、望ましい座席配置になるように、時には席を移動したり、班を変えたりすることを伝えておきます。班編成では、男女比や学力差も考慮して決定します。

5年生では「責任」を　給食当番・掃除当番

責任感を育てる当番活動

---- **ねらい** ----

学級全体が気持ちよく生活するために、一人一人が役割を分担して活動することを通して責任感を育みます。

 一人一人の役割を明確に！

給食当番

　クラスの実態に合わせて必要な人数で編成し、円滑に仕事ができるように配慮することが大切です。年度はじめに配膳や片付けの仕方を**教師が示す、映像を見せる、掲示する**など、全員が手順や内容をよく理解して行うようにします。右ページの図のように、学校全体で配膳や片付けのルールが決まっていると共通理解が図れます。活動中は高学年であっても全てを任せることはせず、教師は一人一人の様子を気にかけ、支援しましょう。特に、食後の食器の片付けや残したものの始末などは、教師がきちんと確認することが大切です。

掃除当番

　掃除は、分担する場所により掃除の仕方が異なるので、手順をはじめに確認しておくことが大切です。**年度はじめにクラス全員で分担場所を回り、掃除の方法を確認するのもよいでしょう。不公平感が出ないよう、仕事の分担を均等化します。**教師は教室の掃除を手伝うだけでなく、分担されている掃除場所を巡回し、円滑に掃除が行われているか確認をしましょう。

第 2 章　これで完璧！　5 年生の学級づくりのコツ

責任感を高める指示

学級の人数や人間関係に配慮し、分担表を作成し掲示します（P.30、31 参照）。

配膳の手順や片付けのルールについての確認事項を掲示し、共通理解を図ります。学校全体で統一されているものがあれば、それを掲示するとより効果的です。

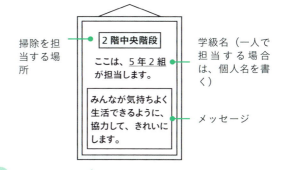

掃除を担当する場所

学級名（一人で担当する場合は、個人名を書く）

メッセージ

輪番で様々な場所を経験できるよう、工夫した分担を作製することも大切です。

担当する場所に、学年・組名やメッセージを掲示します。

── 当番活動のポイント ──

　当番活動では、一人一人の子供に明確な役割があり、仕事を均等化し、公平に分担することが大切です。子供たちが不公平感を抱かないよう配慮します。「この学級やこの学校を過ごしやすくする」ために、責任をもって行うのだということを意識できるように、めあてを立てたり、毎回振り返りを行ったりすることも考えられます。

学年だよりの基本

学年だより作成のポイント

ねらい
保護者に分かりやすく、安心感を与えられる学年だよりをつくります。

保護者の安心は学年だよりから

　学年だよりは、保護者向けに発行する毎月の連絡なので、学年から家庭への一方通行の内容が多くなります。過度のアレンジは行わず、必要な情報がなるべく早い段階で家庭に伝わるように心がけます。そうすることで、保護者が学校に対して安心を抱くようになります。以下のことを、必ず学年だよりに載せましょう。

・**学習予定**：教科等の学習予定をお知らせします。例えば、図画工作の時間に彫刻刀が必要な場合は、事前に伝えて準備をお願いします。
・**行事予定**：その月の予定を知らせます。下校時刻も一緒に載せておくと、子供の帰宅時間を予想できるので、保護者がより安心できます。
・**会計に関すること**：会計報告を兼ねる場合は、金額の詳細も伝えましょう。集金のお願いの場合は、期日に留意しましょう。
・**行事の細かい内容**：校外学習の場合は、弁当の準備が必要かどうかを記載しましょう。共働きの家庭は、お弁当の準備の有無を気にしています。

　学年だよりは、学校名を入れて発行するものです。学年の先生で読み合い、修正してから必ず管理職にも確認してもらうようにします。多くの人が発行前に読み、訂正を加えることで、より正確で分かりやすい学年だよりになります。

第2章 これで完璧！ 5年生の学級づくりのコツ

学年だよりの例

学年で共通して使用する学習用具や学年を担当する先生の紹介を載せます。初めに用具や担当の先生が分かると、保護者は安心できます。

自然教室（集団宿泊的行事）での予定や服装などを伝えましょう。共働き世帯では、見通しをもって準備できることが、安心につながります。

―― 学年だよりのポイント ――

保護者は、学年の行事予定をよく確認します。誤りがないことはもちろんですが、変更があった場合には速やかに伝えるようにしましょう。

051

学級通信のアレンジ

学級通信が保護者と学級の架け橋

> **ねらい**
> 学級で輝く子供たちの毎日の生活や学習の様子を伝え、学級と家庭の架け橋となる学級通信をつくります。

写真を活用して、輝く子供たちを伝えよう！

　新しい学年、学級になり期待や不安を抱いているのは子供も保護者も同じです。「どんな先生なのかな」「どんな学級なのかな」「学級での生活は楽しいかな」など、言葉には出さなくても心にはいろいろな思いを抱いています。

　高学年になると「最近、学校のことをあまり話さなくなってきて……」という相談も多くなります。だからこそ、定期的に学級通信を発行して、子供たちの輝く姿を積極的に発信していきたいものです。定期的に発行するとなると、「大変・負担」と感じる先生も多いと思います。また、高学年になると共働きの家庭も増えますので、時間をかけて発行した学級通信でも、なかなか保護者に読んでもらえないことも考えられます。

　そこで、視覚から伝わる部分を多くするために写真を活用してみましょう。「百聞は一見にしかず」という諺（ことわざ）もあります。学校生活の中には、子供たちが輝く場面（発表、活動、学習、ノート、休み時間、給食、清掃など）がたくさんあります。一人一人が輝く場面を見付け、発信すれば教師に対する保護者の信頼は厚くなることでしょう。どんどんよい面を発信し、子供も保護者も担任も笑顔になる学級通信をつくりましょう。ただし、学級通信は私的なたよりではなく、学校から出されるものです。発行前に必ず、管理職に確認してもらうようにします。

第2章 これで完璧！ 5年生の学級づくりのコツ

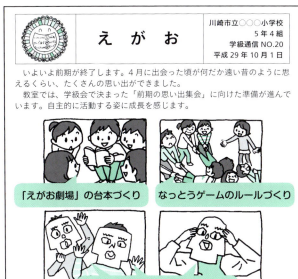

タイトルの工夫

学級通信のタイトルは、学級目標や学級の合言葉、テーマなどを使うと親しみが湧きやすくなります。学級目標には、子供と保護者、担任の思いが込められています（P.42、43参照）。

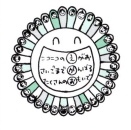

子供の輝きを伝える

そのときの雰囲気が伝わる場面を選んで掲載します。楽しい雰囲気が伝わると、自然と記事にも注目してもらえます。子供たちは何を学習しているのか、これからどのような学習が行われるのか保護者もワクワクしながら読むことでしょう。学級通信がきっかけで親子の会話が深まることもあります。

――― 学級通信のポイント ―――

写真の活用には、十分な配慮が必要です。写真の掲載や使用については、個人情報保護の観点から、承諾書を取る学校が多いと思います。担任する学級の承諾状況については、丁寧に確認し、トラブルとならないようにしましょう。

5年生への褒め方・叱り方

褒めるとき・叱るときに大切なこと

> **ねらい**
>
> 褒められる、叱られる経験を通して、自己を振り返り、自己を生かしていこうとする態度を育てます。

真に大切なことは「子供と共に歩んでいく」姿勢

　思春期をむかえ、5年生は「分かっていることを言われることがいやだ」「でもできない自分もいる」というように、心の中で複雑に葛藤する時期でもあります。子供たちは一人一人褒められたい内容も違えば、褒められたいタイミングも違います。また、「よかったよ」の言葉で伸びる子供もいれば、「まだ、もう少しだね」の言葉で伸びる子供もいます。当然ですが、一人一人性格も違えば、考え方も違います。だからこそ、教師は一人一人の気持ちに寄り添い、一人一人に「言葉」を選んでいかなくてはなりません。

　そのために日頃から、子供たちをよく見る目をもたなくてはなりません。その子供が何を思い学校に通っているのか、またどんなことを頑張り、どんなことに悩んでいるのか、そういった子供たちの気持ちを感じ取り、心を働かせていかなければなりません。大切なことは、一人一人に寄り添い、その気持ちに応えていくということです。

　そして、叱るときこそ、その姿勢が大切になります。ただ怒られたと感じるだけでは成長につながりません。時には毅然と厳しく指導することもあります。その中でも教師は、必ず変わっていける、学んでいけると子供たちの力を信じ続けること。子供と共に歩んでいく姿勢が大切なことではないでしょうか。

「褒める」ためには、日頃の「教師の目」が大切

（「褒める」準備を常にしておきましょう）

目立つ行動ではなくても、友達を支えたり、みんなのためになったりする行動を意識していこう。

子供が努力していること、しようとしていることは何だろう。

一人一人の「めあて」を把握し、そこを支えていく姿勢をもとう。

いつ、どの場面で褒めれば本人にとって、また学級にとってもよいのだろう。

「褒める」ときのポイント：5年生
○子供の成長を共に喜ぶ姿勢をもつ。
○発言や行動だけではなく、過程に目を向け、価値付けをする（子供自身が価値に気付けるようにする）。
○できるだけ皆の前で褒め、よさを共有し高め合うことができるようにする。

「叱る」ときほど心を働かせる

思春期の入口の「叱る」ときの心得

　教師は叱るときこそ、言葉に注意を払わなければなりません。物事を多面的に見ることができるようになり、他者と比べるなど心が複雑になるこの時期。「なぜ、自分は叱られているのか」「自分の言動のどこがいけなかったのか」などについて、本人が理解していなければその意味も薄まってしまいます。叱るときほど丁寧に、子供の立場に立った叱り方をし、「先生は私のためを思って言ってくれているんだ」ということが伝わるように留意し、成長につなげていくことが大切です。

係活動の極意

高学年における係活動

ねらい

子供の創意あふれる係活動を通して、学級生活を楽しく豊かにし、自己有用感を育みます。

子供の創意あふれる係活動に

　係活動は、学級の子供たちが学級内の仕事を分担し、子供たちの力で学級生活を楽しく豊かにすることをねらいとしています。したがって、設置する係の種類や数は、学年や学級によって異なるので、子供が十分に創意工夫して計画し、活動できるよう適切に指導することが大切です。また、当番活動との違いに留意し、教科に関する仕事や教師の仕事の一部を担うような係をつくらないようにしましょう。

係 活 動：学級の生活を、子供たちがより主体的に豊かなものにしていくために創意工夫して行う活動

当番活動：学級の生活が円滑に運営されていくために必要不可欠な仕事を全員で輪番に担当する活動

　高学年になると委員会活動や学校行事に関わる活動が増え、係活動にかけられる時間が少なくなります。そういった中でも「学級の友達のために」何ができるのかを考え、誰もが活躍できる場を設け、友達から認められることで自己有用感が育まれます。また、活動を重ねる中で、企画力（創意工夫、自己を生かす、構成や時間配分）、実践力（人を前にして活動・進行・対応する）、課題解決力（課題発見、次へ生かす力）も養われます。

創意あふれる係活動の例

「係の分類」	活動例
「図書」係	・おすすめの本をブックトーク、本の帯、ポップなどをつくって紹介します。
「ニュース」係	・「好きな○○」などのアンケートを取り、それをグラフにして掲示します。 ・学級での出来事や係からのお知らせなどを新聞に掲載して伝えます。必要に応じ、アンケートをとったり、取材したりすることも考えられます。
「お祝い」係	・みんなの誕生日を調べ、月ごとにカードをつくって、プレゼントします。 ・誕生日の人がいる日の給食で「牛乳かんぱい」の言葉かけをします。
「音楽」係	・中休みに定期的に演奏会を行います。朝の会の歌を選びます。
「デザイン」係	・教室の壁面を季節に合わせて飾り付けます。 ・集会や行事などでの写真をもとに、吹き出しなどでコメントを付け、思い出を振り返ることのできる掲示物をつくります。
「遊び」係	・クラス全員でできる遊びを提案、実践します。 （例）腕相撲大会、百人一首大会、手づくりボウリング大会
「お笑い」係	・学級の盛り上げ役として、お笑いネタやコント・ダンスを披露します。
「クイズ」係	・休み時間などにクイズ大会を催します。クイズやなぞなぞの本から出題します。
「まんが・工作」係	・漫画をつくり、冊子にして学級文庫に置いて読んでもらいます。 ・学級生活をイメージするキャラクターを募集し、コンテストを開いて見合い、決定します。 ・誕生日の人へ、お祝いプレゼントを手づくりで贈ります。 ・教室にあると便利な物を発明、制作します。
「生き物」係	・育てた花を花瓶に生けたり、種をとってみんなにプレゼントしたりします。 ・地域の方に分けてもらった苗を育てます。 ・教室で飼っている金魚への餌やりや水替え体験を、順番ややり方を決めて、みんなができるようにします。

―― 高学年の係活動のポイント ――

　高学年では自分のよさや特技などを活動に生かしたり、責任をもって活動を継続したりして、信頼し合って楽しく豊かな学級生活づくりに取り組めるよう支援します。

委員会活動の極意

よりよい学校をつくる委員会活動

ねらい

学校の一員としての責任をもち、自分の役割を果たすことを通して、よりよい学校生活をつくろうとする態度を育みます。

委員会活動で自慢の学校を

　高学年になると、委員会活動が始まります。子供たちは、新しく始まる活動に期待と不安をもっています。はじめに委員会活動の意義と活動内容を確認することで、今後の活動に見通しをもてるようにします。

　各学校には、その実態に応じた様々な委員会があります。右ページでは、各委員会の活動例を常時活動と工夫のある活動に分けて紹介します。

　活動には常時活動と創意工夫を生かした活動があり、それぞれ学級で行っていた当番活動、係活動が発展した活動であることを伝えます。**常時活動は委員会のメンバーで役割を分担して行い、創意工夫を生かした活動は委員会ごとに話し合い、アイデアを出し合って実践します。**教師はそれぞれの委員会の長所を生かし、工夫された活動ができるよう支援します。

　時には、委員会同士が連携することも大切です。例えば、全校に呼びかけたい内容を放送委員会と連携し、全校放送するなどが考えられます。

　子供たち一人一人が学校の一員としての責任を感じ、それぞれの役割を果たすことでよりよい学校生活づくりにつながります。

1年間の委員会活動の流れ（例）

第1回　委員会活動
○名簿作成、委員長・副委員長選出、委員会名決定
○委員会全体の目標決定（どんな委員会にしたいか）
○常時活動の確認
○おおまかな年間活動計画決定（どんなことをしたいか）
○個人のめあてを決定
○個人のめあてを発表し合い、共有します

▼

第2回～
○「△△小学校をよりよくするための工夫ある活動」について話し合う。
○活動の具体的な計画を立てる。
○代表委員会への提案または報告。
○各クラスへの広報活動。

▼

学期末
○個人の委員会カードに振り返りを記入します。
○書いて終わりにするのではなく、それぞれの思いを共有していくことが大切です。みんなの思いを伝え合って、次の活動へ生かしていけるようにしましょう。

1時間の委員会の流れ（例）（45分）

①はじめの言葉
②出席確認
③今日の活動について
④活動
⑤振り返り
⑥先生の話
⑦次回の活動について
　（代表委員会の確認等）
⑧おわりの言葉

各委員会の活動例

放送委員会
工夫：ものまねコンテストの撮影・放送
　　　学校ニュース番組の制作・放送
常時：登校時、下校時の放送
　　　給食時間の放送

保健委員会
工夫：学校安全マップの作成
　　　病気予防の注意喚起、呼びかけ
常時：トイレットペーパー、石鹸の補充
　　　保健室前掲示物の作成

運動委員会
工夫：自由参加型スポーツチャレンジやスポーツ教室の企画・運営
常時：全校遊びタイムの運営
　　　体育倉庫の整備

図書委員会
工夫：読書週間スタンプラリー開催
　　　学年別読み聞かせの実施
常時：図書室での本の貸し出し
　　　図書室の整備

飼育委員会
工夫：飼育している動物との触れ合い企画、動物の名前募集など
常時：飼育動物のお世話
　　　飼育小屋の清掃

給食委員会
工夫：給食片付けチェック、献立コンクール、旬の食べ物紹介、給食カルタ製作、栄養クイズの実施
常時：食器片付けのお手伝い

こんなときどうする？①

子供同士のけんか

ねらい

子供同士の何らかの行き違いによる気持ちの高揚で起きるけんかは、初期対応をしっかりとして、早期に解決することが大切になります。

初期対応をしっかりと

　子供同士のささいなけんかでも、初期対応を間違えると長引くことがあります。高学年で多く見られるトラブルは、ゲーム機等の物の貸し借り、おごる・おごられるなどのお金関係、SNSを使った悪口、仲間はずしなどがあり、トラブルの内容が複雑になってきます。ケースによっては、子供への指導や保護者への対応を担任だけでなく、学年や管理職とチームを組んで行った方がよい場合もあります。少なくとも、報告・相談・連絡は必ず学年や管理職に行うことが大切です。場合によっては、個々に事情を聞いた上で、全員一緒に話を聞くことも必要になります。

対応の手順
1. トラブルを起こした子供たちから、そのときの状況を聞き、事実関係を明確にして、正確に状況を把握します。時には感情的になっていて、聞く耳をもたないことがあります。その場合には、安全のために引き離したり、場を移したりして、子供の気持ちが落ち着くのを待ちます。
2. 把握した状況をもとに、子供たちへの指導を行います。
3. 解決の仕方を考えさせます。
4. トラブルの事実と指導までの状況を、正確かつ公平に保護者に伝えます。

保護者への連絡は連絡帳よりも、電話で行います。さらに直接会って話した方がよいと判断した場合は、保護者の都合を聞いた上で家庭を訪問したり、学校に来てもらったりして対応します。トラブルの原因がどちらにもある場合は、どちらの保護者にも同じように対応します。

解決の仕方を考えさせる、けんかの後の語りかけ

　「落ち着いたようだね、何があったの」（教師の心配な気持ちを伝える）
　「詳しく話してくれるかな」（話をしてくれるのを待つ）
　「そうか、つらかったね」（子供の気持ちを理解したことを伝える）
　「今回はけんかになったけど、けんかにならないようにするには友達とどう関わればよかった？」
　（けんかにならない方法を知ることで、今後の関わり方を考えさせる）
　「ここのところは、どうすればよかったと思う？」
　（具体的な解決の仕方を考えさせる）
　「そうか、そうするといいね」
　（その方法を褒め、してみようとする意欲をもたせる）

正しい関わり方をすることで、子供・保護者の信頼も高まります

――― 指導のポイント ―――

　保護者と直接会って話ができるときは、保護者の思いや願い、言い分をじっくり聞いてから、公平、中立の立場で担任の思いや考えを伝え、一緒に解決するための方法を考える姿勢を伝えましょう。保護者を非難せず、共に育てるパートナーシップの立場にあることを理解してもらうようにします。

こんなときどうする？②

クラスが荒れはじめたら

ねらい

絶対に荒れないクラスなどありません。「子供たちの様子がおかしいな」と思ったときには、すぐに対応することが大切です。

 荒れを感じたときは

最近の学校現場においては、学級崩壊とまではいかなくても、落ち着きのない荒れた学級があるのは当たり前のようになっています。原因は単純ではなく、子供を取り巻く社会の変化、教師の指導力不足、子供の規範意識の低下、子供のコミュニケーション能力の低下などが複雑に絡み合っています。荒れた学級は騒がしく、教師や子供同士の言葉は届きません。荒れた学級を立て直すために、**まずは、話を聞ける学級にすることから始めましょう。**

ルール・環境の整備

荒れた学級では、教室での行動が統制されておらず、子供が何をすべきか分かっていないことが多く見られます。そのため、まずは、教室全体のルールや発言のルール等を確認するか、あるいはつくり直して、子供が何をすべきか分からない状況をできるだけ減らすことに取り組みます。全員で一つ一つのルールを確認していくことも必要となります。また、聞くときも話すときも子供の拠り所となる言語環境を整えておくことが大切です。**一度にたくさんのことを求めず、三つくらいまでのルールを徹底できるようにし、ルールが守られたら必ず褒めるようにします。**

子供と教師の心のつながり

　荒れている学級の場合、子供たちの中に教師や友達、学級に対する不満や不安があります。まずは、その不満や不安を丁寧に聞いて、それに応え、納得させていくか、一緒に考えて解決していこうとする姿勢を示します。

　一人一人の不満や不安、思いを把握して子供一人一人と人間関係を丹念につくるとともに、課題によっては学級全体で共有し、みんなの問題とすることで、学級の荒れについて、全員が当事者意識をもてるようにします。**荒れの中心となる子供がいる場合は、その子供と二人だけでじっくり話すなど、特別に心のつながりがもてるようにします。**教師に対する信頼を積み上げていくこと、学級に失望させないことが、荒れの解消に大きく影響します。

話し方の工夫

　「子供が静かになるまで話さずに待つ」ことで、子供たちに聞く姿勢を育むことは大切ですが、荒れた学級ではいつまでも静かになりません。学級が騒がしい中、その声に負けまいと大声をあげても、子供たちはうるさいと思うだけで、全く聞こうとしません。子供たちがはっとして耳を傾けるような話し方や間を身に付けたいものです。また、話すときは、子供の目を見て話し、子供が教師の目を見て聞くようにすることも重要です。

―― 指導のポイント ――

　「子供は教師の話を聞くのが当たり前」との概念を捨て、どうしたら分かりやすく子供に伝えられるかを考え、準備して話すことが大切です。話し方の秘訣は、最終的には心で語るということです。子供たちの成長を願い、「子供たちのために」という思いが、言葉を介して子供たちに届くのです。

こんなときどうする？③

子供の話を聞く技術①

ねらい

子供と心の通うやり取りができるようにするために、子供の心に寄り添い、信頼される話の聞き方をすることが大切です。

子供の心に寄り添う

　カウンセリングの世界では、話を聞くときに、「傾聴」という言葉を使います。耳だけではなく、耳と心を傾けて「聴く」という意味です。耳だけで話の内容を聞いているのでは、その言葉に込められている子供の本音を受け取れないことになってしまいます。**そこで、必要なのは、子供の様子を見る目、そして子供の気持ちを受け取る心が必要です。**どんな表情で話しているのか（笑顔を見せているが、複雑な表情なのは緊張しているのかもしれない）、どんなそぶりをしているのか（落ち着かないのは、不安を抱えているからなのか）など、心を傾けて聞けば、態度や表情から言葉以上のメッセージが伝わってきます。**子供は、口では「大丈夫」と言っていても不安な気持ちでいっぱいのときや、「うざい」と言って背中を向けていても、話を聞いてほしいときがあるのです。**

　子供たちは聞いていないことや分かっていないことを簡単に見抜きます。そして、「聞いてないですね」「分かってないでしょ」などと言わずに、気持ちを離していきます。そうなると、何を質問しても「分かんない」「知らない」と言って、話を終わらせてしまうのです。子供の話を聞くときは、聞き手の心を動かしながら、子供の心からの深いメッセージを受け取るようにしたいものです。

①傾聴

ひたすら聞きます。質問して話の腰を折ることなく、事実を正確に聞きましょう。話を聞くときは、声量やトーン、呼吸や姿勢などを子供に合わせることで、子供が話しやすい雰囲気をつくることができます。

②うなずき

基本の聞き方として、一つは、大きくうなずきながら聞くということがあります。**「なるほど」「うん、うん」「分かる、分かる」「そうなんだ」**と言いながら、大きくうなずいて聞くことで、子供たちは自分の話に興味をもって聞いてくれていると感じることができ、安心して話すことができます。

③繰り返し

子供が話したことを、そのまま繰り返して言ったり、言葉にして伝え返したりすることで、子供はさらに「分かってくれている」と感じることができます。例えば、失敗した子供に、「次は絶対大丈夫」と根拠のない励ましをするよりも、**「がっかりしたんだね」「悔しかったんだね」**と返すほうが、お互いに気持ちを共有することができます。度が過ぎると嫌な感じがするので、気を付けましょう。

④言い換え、要約

内容を変えずに言い換えたり、話を要約したりします。**「あなたが言いたかったのは、こういうことだね」「こういうことがあったから、今、こんな気持ちになっているんだね」**と整理することで、子供自身が自分の気持ちを整理して考えられるようになります。

―― 環境構成のポイント ――

話の内容や子供の特性によっては、目と目を合わせることに大きな緊張を感じることがあります。そこで、場の設定としては、真正面から向き合うのではなく、斜めや横並びの方が安心して話せることが多いようです。また、植木鉢や小物など、さりげなく視線を向けられるものを用意しておくことも考えられます。

> こんなときどうする？④

子供の話を聞く技術②

ねらい

子供が緊張したり、萎縮したりせずに自分らしく話ができるようにするためには、安心して話せる雰囲気をつくることが大切です。

教師は聞き方のお手本

　学級担任はいつも一度に多くの子供と接しているので、一人一人の話をゆっくりと聞く時間を確保するのは難しい面もありますが、子供の話を聞くときは、授業の中でも、短いやり取りでも、一人一人を大切に思う気持ちで対応することを心がけます。子供への敬意を教師が示すことで、子供もそれを肌で感じ、見習い、学級全体の聞き方を育てることになります。教師の態度から、常に子供たちは学びます。話の聞き方には、この先生はきちんと自分を受け入れてくれる、理解してくれている、攻撃されないという安心感をもってもらうことや、自分に興味・関心をもっていると伝わるようにすることなどが必要です。

安心感を与える

　大きな声や威圧的な態度に気を付けましょう。腕を組んだり、足を組んだりしているのは、相手からすると話しかけにくさを感じます。また、子供が話しかけてきても「本当に？」「それが？」などと返したり、子供の話にかぶせるように慌ただしくうなずいたりするのも、子供の話そうとする気持ちをなくしてしまいます。特に授業中は、答えが分かっていても間違っていたらどうしようと、心配で発表できない子供もいます。**安心して自分の考えを**

発表できる学級の雰囲気をつくるのも、教師の話の聞き方が大きく影響します。

興味・関心をもつ

「ちゃんと興味をもって聞いているよ」ということが伝わるように、相手の顔を見て、少しオーバーリアクション気味に相槌をうちましょう。しかし、とても落ち込んでいる子供に元気に明るく相槌をうつのはおかしいので、声の音量やトーンは相手に合わせます。また、極端ににこにこするのも、子供たちは不自然さを感じたり、違和感をもったりするものです。自然な柔らかい表情を心がけます。

話せる機会をつくる

子供の性格や話の内容によっては、友達のいる前で話しにくいことがあります。子供の話しかけたそうな様子に気付いたら、何かちょっとした簡単な手伝いを頼み、個別に話を聞く機会をつくりましょう。

内容によっては、その後、相談につなげることも考えられます。「時間がないから後でね」と言ってしまったら、子供は相談しようという気持ちを失ってしまいます。

――― 聞く際のポイント ―――

子供の成長のためには、子供が話しかけてきたとき、大人が受容的に応答することが大切です。そのことにより、子供たちは自分の気持ちや悩みにしっかりと向き合って、今の自分にできる最善の方法を選ぶことができるようになります。また、選択の責任を負うこともできるようになります。

こんなときどうする？⑤

情報モラルの指導

ねらい

携帯電話やインターネットなどは、上手に活用すると便利ですが、使い方を誤ると大きなトラブルの原因になります。

情報モラル

インターネットが日々進化していく中、子供たちはコンピュータやスマートフォンを活用し、大人の知らない世界をどんどん広げています。インターネットは、簡単に知識が得られ便利ですが、反面トラブルも多く、子供たちが受ける被害は多様化・深刻化しています。私たち大人には、子供たちが被害者にも加害者にもならないように指導する責任があります。

子供たちは、興味をそそる言葉や匿名性から「自分だけは大丈夫」という気持ちになってしまうことがあります。それが安易な気持ちでの書き込みにつながったり、人を傷付けたり、危険な目に遭ったりするのです。子供たちには、情報モラルについて実際に起こった事例を紹介しながら、危険が現実的なものだということを日頃からしっかりと教えましょう。

安全にインターネットを活用するために教えたいこと
①ネットの向こう側には、見えないけれど、必ず人がいること。
②ネット上に流れている情報は、正しいことばかりではないこと。
③一度発信した情報は、世界中の誰もが見ることができ、そして、取り戻すことができないこと。
④インターネット上のトラブルは、自己責任であり、大人も子供も同じ基準

で見られ、未成年者だからといって許してはもらえないこと。
⑤困ったことが起きたら、一人で悩まず、保護者や先生に相談すること。
⑥自分の健康を考え、適度な休憩をとりながら使用すること。

インターネットに誹謗中傷の書き込みがあることが分かったら

【書き込まれた子供への対応】
・事実を確かめるために話を聞きます。他の教師の協力も得て、情報を集めます。
・傷付いている子供の気持ちを十分に理解し、きめ細かなケアを行います。

【書き込んだ子供への対応】
・いじめと同様に決して許されるものでないということを教えます。
・軽い気持ちで行っているのか、何かの問題を抱えているのかをよく見極め、書き込まれた子供の気持ちも理解させて指導します。書き込んだ子供がいじめの被害に遭っていて、その仕返しとして書き込んだという例もあるので、安易に加害者と決め付けず、誹謗中傷が起こった背景や事情について十分に調べ、適切に対応することが必要です。

――― 指導のポイント ―――

　携帯電話等のトラブルは、家庭からの発信で起こる場合が多いため、これらのトラブルに子供たちが遭わないように、家庭でルールづくりをしてもらうよう啓発することが大切です。懇談会などの機会に、学校のルールや家庭で気を付けてほしいことなどを伝えることも考えられます。また、正しい使い方を指導するためには、教師をはじめ、大人が便利さとその裏にひそむ怖さを知っておく必要があります。

授業参観　普段の授業でも信頼されるコツ

保護者の信頼は、積み重ねから生まれる

ねらい

子供が笑顔で学校に通えることを大切にし、子供たち一人一人に寄り添う教師の姿を通して、保護者との信頼関係を築いていきます。

一人一人の大切さを伝え、友達同士をつなぐ指導

　授業参観や普段の授業で、教師は教材研究をし、指導計画をしっかりと立てて臨みます。そうしたことが子供たちの確かな学びにつながるだけでなく、保護者の安心感につながり、信頼にもつながっていきます。また、授業内容の一方で、学級という集団生活の中で、子供の表情や、生き生きと自分を出せているか、友達との関わりはどうか、ということも保護者にとっては気になることの一つです。友達の気持ちを感じ、その思いや友達を大切にする。一人一人が大切な存在であることを知っている学級の子供たちは、授業やあらゆる場面で、友達の言葉に耳を傾けています。

　例えば、授業参観というある一場面を見たときに、進んで手を挙げ発言できる姿は目に留まりやすいのですが、その隣の子供はどんな顔をしているか、周りの子供は友達の頑張りに対して、どんな反応を見せているかをしっかり観察しましょう。大切なことは、友達同士がつながっているということです。**うれしいことは共に喜び合い、悲しいときは共に支え合える。そのような子供の姿を見た保護者は、安心した気持ちで見守り、指導に対する理解も深まっていきます。**そして、子供たちのよりよい成長にもつながっていくことでしょう。子供たちの生き生きとした笑顔が見られる学級に、信頼は生まれてくるのではないでしょうか。

一人一人が認められ、友達とのつながりを感じられる授業

教師の言葉で温かい教室をつくる

一人一人を見取った指導や言葉かけ
「Aさん、頑張りましたね」。
「Bさんのいいところですね」。
※授業の中でこうした言葉かけを意識することで子供たちの表情も変わってきます。

子供同士が反応し合う

「私もAさんと同じで……」
「私はBさんと少し似ていて…」
※友達の意見を聞いていることが分かります。友達の考え、言葉を大事にしていきます。

「Aさんの考え、みんなはどう思いますか」。
※子供同士がつながるように意識して投げかけます。

「うん、うん」とうなずく話し手を見て聞く
※発言するばかりが大切なことではありません。相手に寄り添う姿勢は、教師がお手本になりましょう。

「学校を休んだ子供への手紙」
欠席の子供がいたとき、同じ班の友達や学級全員で一言ずつメッセージを書き、届けます。これは休んでいる子供のためだけではありません。周りの子供が相手への思いやりを学ぶための活動でもあります。

一人一人が大切な「学級の一員」であり、「一人でも欠けたら自分たちの学級ではない」という意識を高めます。

個人面談　家庭に寄り添う基本ルール

保護者に「寄り添う」個人面談

ねらい

日頃の子供の学校生活の様子や、学習への取組、友達との関わり等を丁寧に伝えます。また、子供や保護者がもっている願いや、心配なことにもよく耳を傾け、寄り添い、今後の指導へと生かします。

記録ノートを活用し、伝える内容は明確に！

　個人面談では、限られた時間の中で、伝えることは明確に伝え、保護者の思いをしっかりと引き出し、受け止めていかなくてはなりません。**個人面談において特に大切なことは、担任と保護者とが言葉で心を通わせて、子供のよりよい成長に向かって「共通の理解」を見いだしていくことです。**

　「共通の理解」とは、例えばその子供がもっている長所や悩み、努力していること、また努力が必要と思われること等が挙げられます。これらのことについて共に同じ認識をもつことで、今後の指導方法についても考えを深めていくことができます。子供たち一人一人に寄り添い、個に合った対応をしていこうとする姿勢が、よりよい個人面談の時間となり、保護者との信頼関係につながっていきます。

　信頼関係を築いていくためには、日頃の積み重ねが大切です。日々の学校生活の中で、気付いたことをノートやパソコンに記録することで、教師自身の意識も変わってきます。子供たち全員の名前を書き、一人一人の子供の発言や行動、友達との関わり等について気付いたことがあったとき、その都度書き込んでいきます。個人面談でこのノートが活用できることはもちろん、教師自身の指導の振り返りにも生かすことができます。

保護者に寄り添う個人面談「心得」

伝える内容を準備し、丁寧に明確に伝える

一、子供のよさや成長を見取り、共に喜び合えるよう心がける

一、保護者の思いを「受け止める」姿勢を常に心がける

一、個人面談をして終わりではなく、面談の内容を今後の指導に生かす

一、教室環境や服装、言葉づかいにも気を配る

「記録ノート」の活用

子供のすてきな「発言」「行動」を中心に記録していきます。どのような場面であったかも詳しく記録しておくことで、個人面談のときに、より具体的に様子を伝えることができます。
もしも、あまり記録がされていない子供がいれば、意識して見るようにしましょう。

個人面談の招待掲示物

子供の手づくり表示なども、心があたたまります。

―― 伝えるときのポイント ――

　学習面や生活面などでの課題を伝えるときは、指摘するだけで終わるのではなく、現状を正確に伝えるとともに、そこに対する担任の手立てや、現在行っている指導について説明ができるようにしましょう。また、子供が頑張っていることを伝えることも大切です。そうすることで、問題意識を互いに共有することができ、よりよい解決に向けて連携を図っていくことができます。

信頼を築ける保護者会

アンケートの活用で、保護者から信頼を得る

ねらい

保護者は、新しい担任の先生と学級の様子に大きな関心をもちます。子供と保護者の願いを把握した保護者会を行うことで、保護者からの信頼を得ます。

保護者と子供、担任の願いを生かす保護者会

4月、新しい学級への期待と不安を抱いているのは保護者も同じです。「新しい先生はどのような学級経営を行うのだろう」と興味をもって保護者会に参加します。そこで、学級目標や学級経営目標、学年経営などに保護者の願いを積極的に取り入れ、子供と保護者、学校の3者が同じ方向を目指していく姿勢を示しましょう。子供の願いは、学校で聞き取ったり、アンケート調査を行ったりします。**保護者には、早い段階でアンケート用紙を配付し、調査をします。これらを整理したり紹介したりしながら、学級や学年の目指す方向性を伝えましょう。**

学期末や年度末の保護者会では、この学期の間や1年間で成長した子供たちの様子を中心に伝えるようにしましょう。特に、4月に示した学級経営方針で力を入れた点（人間関係や思いやりの心など）については、具体的なエピソードや場面を紹介したり、子供が書いた作文や活動している写真、発表時のビデオなどを用意したりすると、より効果的に伝わります。

保護者会が担任の一方的な話で終わらないよう、保護者同士が意見を交換するなどの交流時間も設定しましょう。他の家庭の話を聞くことで、自分の教育への考え方を振り返るきっかけにもなります。

第2章 これで完璧！ 5年生の学級づくりのコツ

保護者様

平成29年4月7日
□□市立○○小学校
第5学年担任

お願い

　日頃より、本校の教育活動にご協力いただきましてありがとうございます。本校では、「一人ひとりが認められ、自分らしくいられる」ことを大切にしています。人・物・ことを大切にすること。きれいな心と環境を大切にすること。挨拶や返事、お礼が伝えられること。この3点は特に大切にしたいと考えています。また、子供の願い、保護者の願い、担任の願いも大切にしたいと考えています。
　そこで、保護者の皆様の「こんな5年生に育ってほしい」という願いを教えていただきたいと思います。保護者の願い、子供たちの願い、担任の願いをもとに今年度の学年経営の方向性を考えたり、学校生活の様々な場面で子供たちに伝えたりしていきたいと思います。願いはたくさんおありかと思いますが、一番大きな願いを短い言葉でご記入ください。また、5年生の子供たちが分かる言葉でご記入ください。
　4月11日（火）までにお願いいたします。

――― 切り取り線 ―――

こんな子供に育ってほしい

｜　　　　　　　　　　　　　　　　　　　　　　　子供

詳しい説明がありましたら、下にお書きください。

こんな子供に育ってほしい
・相手の目を見て、言葉で伝えることができる　　子供

詳しい説明がありましたら、下にお書きください。
「おはよう」「ありがとう」「ごめんね」をしっかり伝えてほしいです。
後でメールや電話で何かを伝えるのではなく、その場でお友達と向き合って、言葉で伝えることの大切さを忘れないでほしい、と思っています。

こんな子供に育ってほしい
・人の気持ちを考えられる
・みんなで協力して一つの活動ができる　　子供

詳しい説明がありましたら、下にお書きください。

こんな子供に育ってほしい
・自分でよく考え、行動できる
・相手の気持ちを考えられる　　子供

詳しい説明がありましたら、下にお書きください。

> パワーポイント等を使って1年間の様子を伝えることもできます。また、伝える内容を事前にまとめることで、保護者の前で落ち着いて話しやすくなります。

※写真や映像を使用する際には、事前に必ず承諾を得るようにしましょう。

――― 保護者会のポイント ―――

　多くの保護者が集まる場なので、子供のプラスの面を紹介しましょう。個別に伝えることは保護者会ではなく、家庭訪問や個別の教育相談等で行い、子供たちがよりよく伸びるための連携や協力をお願いするようにしましょう。

学校行事　完璧指導①　運動会

高学年の自覚！めあてをもった運動会に

── ねらい ──

高学年として臨む運動会に自分のめあてを立てて参加することを通して、主体性を育みます。

実践意欲の高まるめあての掲示

　運動会は、学校行事の中でも大きなものの一つです。子供が活躍する姿を保護者や地域の方々も楽しみにしています。競技や表現、係での活動等で生き生きとした姿が伝えられるようにしましょう。また、運動会では練習を通して、運動に親しむ態度やきまりを守って行動する態度、集団での連帯感、高学年としての責任感などを育める大きなチャンスです。一つ一つの活動で育みたい力を意識しながら指導していきましょう。

　運動会という大きな行事をやり抜くためには、個人のめあてを立てることが大切です。児童会活動等でめあてが設定されている場合、関連付けて設定するとよいでしょう。めあては、競技や表現、各係での活動などについて細かく立てることで、よりめあてを意識して取り組むことができます。子供の実態に合わせて一つに絞ることも考えられます。運動会後に達成感を得られたり、少し頑張れば達成できたりするめあてを立てるように助言します（詳しくはＰ.120、121：学級活動（2）（3）の進め方参照）。

　立てためあてを学級で工夫して掲示することで、子供の実践意欲も高まります。また、友達のめあてを知ることで練習期間や当日の友達への声かけや対応にも変化が表れてくるでしょう。運動会終了後には、大きな行事を乗り越えたことを大いに称賛し、次の学校行事への意欲付けとなるようにします。

第2章　これで完璧！　5年生の学級づくりのコツ

クラス内で組が分かれている場合、組ごとに色画用紙等にめあてを書いて掲示する方法もあります。

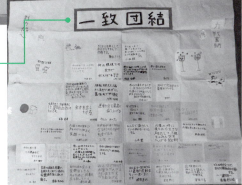

学年で運動会のめあてを設定し、個人のめあてを立てる方法もあります。

細かくめあてを立てる

競技	表現
赤組の勝利のために最後まで勝負をあきらめないで力一杯取り組む。	組体操でキビキビと動き高学年らしい態度や姿勢を下級生に見せる。

係の仕事	応援団
用具係の仕事をスムーズにするためにプログラムの順番を覚える。	6年生の競技中に、応援団の中心となって、全力で応援する。

― 指導のポイント ―

　学年で形式をそろえてめあての掲示物を作製したり、各色ごとに作製したりするなど、掲示方法を工夫することで子供たちの意欲も高まります。また、当日、保護者が見られるように掲示しておくことも考えられます。

学校行事　完璧指導②　集団宿泊活動

よりよい人間関係形成を目指した自然教室

―― ねらい ――

自然教室という集団宿泊活動を通して、互いを思いやり、共に協力し合うなど、よりよい人間関係を形成しようとする態度を養います。

自然教室は高学年として成長するための絶好のチャンス！

　卒業を間近に控えた子供たちに小学校の思い出を聞くと、修学旅行や自然教室といった集団宿泊的行事を挙げることが多いです。しかし、単に「楽しい行事」というだけで終わらせたくはありません。集団宿泊的行事を通して、豊かな人間性や社会性を育んでこそ、真に価値ある体験活動となるのです。

　事前の活動では、学級活動（2）「よりよい人間関係の形成」との関連を図りながら進めます。**友達との関わりを深めるための自然教室にしていくため、子供たち一人一人がめあてをもって取り組むことができるようにします。その際、6年生からのメッセージ映像をつくったり、アドバイスをもらったりするなどの工夫をすると効果的です。**

　当日の実践では、例えば、オリエンテーリングを行う場合、ポイントごとの課題を工夫することによって、意図的に人間関係づくりにつながる活動となるようにします。また、キャンプファイヤーでマイムマイムなどのフォークダンスや運動会のダンスをみんなで踊る場合は、事前に簡単に練習してから自然教室へ出かけ、学年みんなで楽しむことができるようにします。**キャンプファイヤーの最後には、今の気持ちを語り合う場を設けるのもよいでしょう。**多くの感動体験の中で、高学年としてさらに成長していく場としたいものです。

①グルーピングを工夫する

部屋、オリエンテーリング、野外炊飯、バスの座席など、様々なグルーピングを行う際、可能な限り同じ人とグループにならないように組みます。普段の関わりが少ない友達との関わりを広げ、深めていけるようにします。

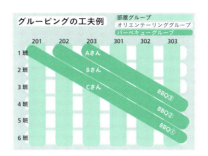

②学級活動（2）で、めあてを立てる

右のような授業展開で、一人一人がめあてを立てます。学級活動（2）の授業として扱い、6年生からのメッセージ映像などを見た後に話し合い、集団思考を生かして個人のめあてを立てることで、より思いが強くなります。

③オリエンテーリングの課題の工夫

「グループで手をつないで、合言葉を言いましょう」「グループでオリジナルポーズをつくって写真を撮ろう」など、関わりを広げ、深めるための課題をポイントごとに設け、クリアしながら回るようにします。

グループで考えたポーズの例

――― 自然教室の指導のポイント ―――

子供たちのよりよい人間関係形成を意図した活動内容やグループ編成を工夫するとともに、学級活動（2）の指導とも関連を図りながら取り組むことが大切です。担任として、単に「引率する」のではなく、「特別活動の授業をする」という意識で取り組むことが重要です。

第3章

子供たちの学習意欲を伸ばす！
5年生の授業のコツ

授業に入る前に　Check　Point①　「予定帳」

今日を振り返り、明日の見通しをもつ「予定帳」

> **ねらい**
>
> 今日の出来事を振り返り、明日の学校生活の見通しをもって朝を迎えるための「予定帳」の実践を通して、自分の思いを表現する習慣を身に付けるとともに、見通しをもって活動できるようにします。

 学習の見通しをもって1日をスタートする

　1日の見通しをもって生活することは大切です。多くの学級で「連絡帳」に明日の予定を書いて下校し、家庭で明日の学習用具を準備して登校していると思います。ここでは、その「連絡帳」の機能と、1日を振り返ったり、明日への展望を書いたりできる「日記」の欄と、自分が明日どのように生活したいかを記入する「めあて」の欄、そして、家庭からのコメント欄と担任のコメント欄を一つにまとめた**「予定帳」**を活用する例を紹介します。

　子供たちは、毎日書いて、毎朝提出します。担任は、その日の帰りまでに目を通してコメントを書き入れます。日によっては全員分にコメントを書くことはできないこともあるため、スタンプだけを押して返却することも考えられます。日替わりで提出する方法も考えられます。

　子供が、学校生活について「日記」のように記入したものを保護者にも見てもらうことで、学校生活の様子が伝わるだけでなく、保護者がコメントを書き入れることで、子供の励みにもなります。さらには、その保護者のコメントにも担任がコメントをすることで、**子供・保護者・担任の3者が「予定帳」を介して交流することができます**。毎日、短作文を書くため、書く力の向上も期待できます。

「予定帳」の例

①予定や持ち物、宿題を記入

明日の予定や持ち物、宿題を記入します。毎日提出するので、しっかり書いているかの把握もできます。

②明日のめあてを記入

毎日、自分なりのめあてをもって生活することは大切です。特に頑張りたいことなどを記入します。

③テーマに沿って文章を記入

「今日の体育学習を振り返って」「今日一番楽しかったこと」「明日の出前授業への期待」「最近、○○にはまっています」などのテーマを出します。自分で自由にテーマを決める日もあります。

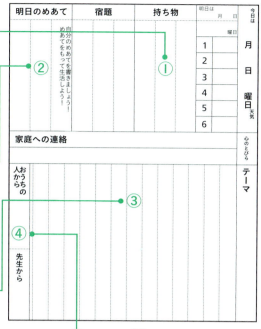

④コメント欄

保護者のコメントを求めます。子供が書いた内容が、夕食時の話題になったり、こんなことを思っているんだと新たに気付くことができたりすると、好評です。担任もコメントを書くことで、3者の交流の場となります。

―― 1日の学習の見通しをもつためのポイント ――

　見通しをもって学校生活を送るための工夫は、他にも考えられます。毎週金曜日に学級通信を発行して、週予定（1週間分の時間割）を載せておくことや、明日の予定を書くだけでも見通しはもてます。大切なのは、そうした取組が「作業」にならず、子供がそれにどう取り組むかについて、めあてなどを立てるなどして、明日への希望を抱くことができるように配慮することが大切です。

授業に入る前に　Check　Point②「ノート指導」

主体的な学びを目指した「ノート指導」

> **ねらい**
>
> 自分の学びの軌跡としてのノートを見やすくまとめ、次の学習に生かすことができるノートづくりの指導を通して、主体的な学びの基礎を育みます。

ノートは自分でつくるもの！

　学級活動（3）が新設され、これまでの「学校図書館の利用」に**「主体的な学習態度の形成」**という内容が盛り込まれ、**「(3)ウ　主体的な学習態度の形成と学校図書館等の活用」**という内容になりました。「学ぶことに興味や関心をもち、自ら進んで学習に取り組むことや、自己のキャリア形成と関連付けながら、見通しをもって粘り強く取り組むこと、学習活動を振り返って次に生かす主体的な学びの実現に関わるもの」を題材として扱います。

　主体的な学びの基礎としての日常のノート指導は、ますます大切になります。自分の考えや友達の考えを、学習のまとめや振り返りに書き、次の学習に生かすことができるようなノートを、自分なりの工夫も取り入れながらまとめていくことは、どんなにICTが進んでも必要な力につながります。

　整理されているノートは、思考が整理されていることの表れでもあります。必要に応じてワークシートを活用した授業展開も考えられますが、与えられた枠に画一的に書き込む学習と、まっさらなページから自分で枠も含めて書き込んでいく学習では、後者の方がより思考がアクティブになります。自分で分かりやすくノートをまとめていくことに価値を見いだせた子供たちは、より主体的に学ぶことができるようになります。

①国語のノートの例

　学習課題、自分の考え、友達の考え（板書）、振り返りを見開きでまとめます。友達の考えを聞いたことで、はじめに書いた自分の考えが広がったり、深まったりと変容します。その学びについて振り返り、記入します。

②算数のノートの例

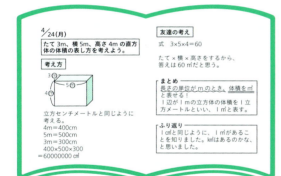

　問題文、疑問から生まれた問い、自分の考え、友達の考え、振り返りを見開きでまとめます。また、2冊目以降のノートも合冊して1冊にまとめることも考えられます。背表紙にラベルシールを貼ることで、既習事項を生かすためにノートを見返しやすくなります。

― ノート指導のポイント ―

　1時間の学習を見開きでまとめるようにします。まとめ方の上手な子供のノートをコピーして掲示するなど、よりよいノートのイメージを伝えることも効果的です。はじめのうちは「発言できた」「きれいにまとめられた」などの振り返りも認めつつ、少しずつ学習のめあてに沿った、今日の自分の学びについて記入できるよう指導していきます。

国語科の指導のコツ

「大造じいさんとガン」の作品を自分なりにとらえ、朗読しよう

ねらい

登場人物の心情の変化を場面の様子や情景を思い浮かべながら読み取ります。優れた表現を味わいながら、自分なりに感じたことや考えたことをもとに朗読します。

 ## 情景を豊かに想像し、朗読しよう

　自然描写や行動描写に優れた名作である「大造じいさんとガン」に触れることは、とても有意義です。

　本単元では、初めて「朗読」という言葉と出合い、これまで取り組んできた音読とは何が異なるのかを知ることになります。音読では、読む速さや強さ、間の取り方などで表現してきましたが、**朗読ではここに、作品の世界観を自分なりにとらえることが必要になってきます。すなわち、主人公の心情の変化や人物像を思い描きながら読むことと、作品について自分なりに感じたことや考えたことを表現する気持ちで朗読し、味わうことが大切になります。**

　また、**「情景」**という言葉とも出合い、文中の優れた叙述の中から心情の変化や登場人物の相互関係を理解できるということを学習するよい機会ともなります。自分の考えをもって思いを友達と交流し合う中で、個人の感想に終始するのではなく、読み取りの中から、主人公の生き物に対する尊重の念や愛情、そして主人公そのものの人間らしさに気付けるようにしていきます。

　そして、この単元を通して学んだ朗読のよさ、情景の読み取り方から、今後も物語をより楽しく、より積極的に読めるようにしていきます。日頃から「目で聞く」「心で聞く」などの「聞く態度」を指導することも大切です。

読みを深めるための手立て

①「情景描写」をとらえさせる指導

情景表現が登場人物の心情を表していることを指導します。

1の場面	秋の日が、美しくかがやいていました。	→	期待の高まり。成功への予感
2の場面	あかつきの光が、小屋の中にすがすがしく……。	→	期待と意気込み
3の場面	・青くすんだ空を……。	→	心の余裕
	・東の空が真っ赤に燃えて……。	→	主人公の闘争心
	・白い羽毛があかつきの空に光って散りました。	→	戦いの激しさを象徴
	・羽が、白い花弁のように、すんだ空に……。	→	美しさの中に戦いの激しさを象徴
4の場面	らんまんとさいたスモモの花が……。	→	晴れやかな気持ち

②話合い活動の工夫

　自分の読みと他者の読みとを比べ深めるために、場面によって意図的に小グループにしたり、学級全体で話し合ったりします。小グループでは意見を出しやすく、学級全体では多くの意見を共有し合えるよさがあります。

③ノートの活用

　授業のはじめの自分の考えと、友達と話し合ってみての自分の考えがどう変わったかを分かりやすくするために、ノートの書き方をパターン化し、子供たちの考えがより文字で表現できるようにします。そこから、内容を振り返ったり、気持ちを考え直したりする手立てとなるようにします。

ノートの書き方をパターン化する

場面ごとに丁寧に読みを深める

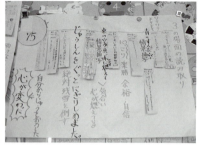

【1の場面】
大造じいさんの残雪に対する気持ちを読み取る。
【2・3の場面】
大造じいさんの残雪に対する見方の変化を読み取る。

【短冊の活用】
大造じいさんの気持ちが分かる表現を抜き出し、短冊に書く。

【4の場面】
大造じいさんは、なぜ残雪を逃がしたのか、気持ちや生き方の変化を読み取る。

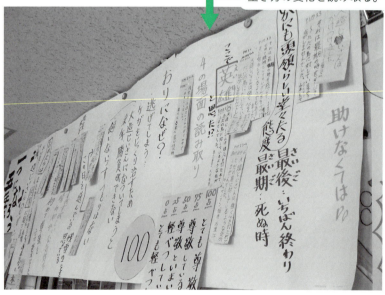

＜朗読＞表現性を高めて伝える手立て
①朗読台本の活用
　教科書の登場人物の心情が見られるところに傍線を引いたり、ノートに話合いから学んだ自分なりに考えたことを書いたりします。それらの学んだことを朗読に生かせるよう、朗読台本に自分の考えが伝わるような読み方を書き入れ、視覚的にまとめられるようにします。

② ICTを活用した朗読
　単元のはじめと終わりに、自分で音声機器に声を吹き込み、朗読の出来映えを確かめる活動を取り入れるのもよいでしょう。内容を理解し、心情の読み取りができているかを確かめることや、より自分の考えが朗読に生かせているかについて考えることもできます。授業参観や学習発表会などの場で、朗読発表会を行うことで、子供の意識も高まり、保護者に子供たちの頑張りを伝える機会となります。

朗読台本

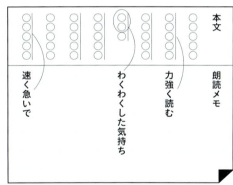

どのような読み方をすれば相手に自分の気持ちや考えが伝わるか工夫して読んでみよう。

―― 朗読の指導のポイント ――

　自分なりにとらえた心情をどう朗読で表現するかを考え、読むように指導します。また、自分がそのような読み方をする理由をはっきりさせるように伝えます。朗読の後には、友達との感想交流の時間をもち、よい点や改善点にも気付けるようにします。

国語科の指導のコツ

本を薦める文章を書こう

ねらい

これまでに読んだ本や図書館などで新たに探した本から、薦めたい1冊を決め、どの方法でどのように伝えるかを考え、作品をつくります。

 ポスター、ポップ、帯でお薦めしよう！

「本が好き・読書が好き」という子供たちは多いですが、自分だけが楽しむのではなく、「みんなが楽しめるようにその本の魅力を伝えるにはどうしたらよいか」ということを考えながら友達に1冊の本を薦めます。読書にあまり興味がない子供でも「読書してみよう」「本を手に取ってみようと」と思い、新たな読書の世界の一歩となることを目指します。

本を薦めるための方法を知るとともに、教科書教材を読んで関連した本を推薦する文章を書いたり、推薦された本を読んだりすることで、自分自身の読書生活がより豊かになることを実感できるようにします。また、読書が生活に潤いを与え、生きていくために役立つということに気付き、生涯にわたって読書に親しむようにします。ここでは、お薦めの方法として、ポスター、ポップ、帯を取り上げ、紹介します。

<学習の流れの例>
1 学習課題「本をすすめ合って、読書の新たな魅力を見つけよう」を設定する。
2 誰かに薦めるという目的で教科書教材「千年の釘にいどむ」を読む。
3 自分のお薦めの1冊を決め、どの方法でどのように伝えるかを考えて作品をつくる。
4 つくった作品を読み合う。

お薦めの1冊を決め、薦める方法を考えて、
ポスター、ポップ、帯のどれかをつくろう！

【学習の進め方】
①お薦めの1冊を選ぶ。
②伝えたい内容を決める。
③ポスター、ポップ、帯の中から選んでつくる。

その本を読んだことのない友達に、「おもしろそう」「読んでみたいな」と思ってもらうために、どこを薦めるか、どんなふうに薦めるかを考えましょう。

どんなことを伝えたいか

一つの道具ができるまでに多くの人が関わっていることが心に残ったので、それを伝えたい。

私も同じ本を選びました。私はその、多くの人の働く姿や暮らしが見えるところも伝えたいです。

推薦文に引用を用いた例

あなたは、〇〇がどのようにつくられているか、知っていますか。一つの〇〇ができるまでに「かぞえきれぬほど、大勢の人が力を合わせている」ことが伝わってきます。

キャッチコピー例

「たった一つの〇〇でも、一人では作れないのだ」
「私には全てをかける責任がある」の意味とは！？

友達の作品を読んで、「読んでみたい」と思った本とその理由を書きましょう。

算数科の指導のコツ

算数ノートのつくり方

ねらい

基本的な算数ノートのつくり方を指導し、活用することで、少しずつ自分なりのノートづくりができ、学習の積み重ねを行えるようにします。

自分だけの参考書にしよう

ノートに書くことは、①**本時の課題**、②**自分の考え**、③**友達の考え**、④**まとめ**、⑤**感想**が基本です。①本時の課題では、文章題を書くこともありますが「分数のかけ算の仕方を考えましょう」のように「問い」になることもあります。②自分の考えでは、既習の図や数直線などを積極的に使うようにしましょう。色鉛筆を使って仲間分けしたり、囲ったりすると見やすくなり、理解もしやすくなります。③友達の考えでは、集団で学習するよさを味わうことができる場面でもあります。自分では気付けなかった解き方や考え方を知ることができます。④まとめでは、本時で学習したことや公式を書きます。⑤感想では、本時で分かったことを書きます。🄰課題、🄰自分の考え、🄰まとめ、🄰分かったことなど、学年や学校で統一して板書やノートに活用するとよいでしょう。ノートは、自分の考えを表現したりまとめたりするものです。子供たちがじっくり課題と向き合い、考える時間を確保するために、学習内容によって教師が準備しておくべきものは変わります（右ページ参照）。じっくり考えた過程が残るノートは、既習内容を振り返ることができる自分だけの参考書として活用することができます。また、ペーパーテストでは評価しにくい意欲や思考などを、ノートから見取ることもできます。

第3章 子供たちの学習意欲を伸ばす！ 5年生の授業のコツ

▼ノートの例

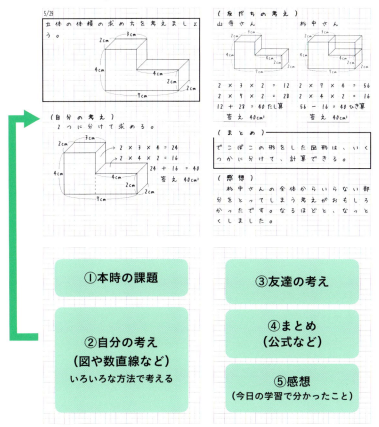

教師が準備するもの

「求積」では、**問題の図をコピーしておき**、解答する時間を確保しましょう。
「作図」では、**方眼紙などを用意しておき**、作図する時間を確保しましょう。

──── ノート指導のポイント ────

学習のはじめに、基本的なノートの使い方を指導しましょう。慣れてきたら、授業中の友達の発言や先生の説明を書き加えるなどのアレンジも認め、自分なりのノートになるよう支援しましょう。

算数科の指導のコツ

 身近なデータで興味をもって

ねらい

身近なデータを円グラフ等に表し、示されている内容を読み取る活動を通して、データ活用の基礎を養います。

グラフから特徴を読み取ろう

　小学校で学習するグラフは、棒グラフ・折れ線グラフ・円グラフ・帯グラフ・柱状グラフの5種類が基本です。**このうち、5年生では、割合グラフである「円グラフ」と「帯グラフ」について学習します。** 棒グラフや折れ線グラフのように大小や数量変化ではなく、全体の中でどのくらいの部分を占めているのかを示していることが割合グラフの特徴です。

　例えば、好きなクラブ活動に関するアンケートをとり、表にまとめます。この表をもとに円グラフをつくり、集団としての特徴を読み取ります。データはクラブ活動を行っている3学年分あるので、「①学年の特徴を読み取る」「②学年間の特徴を読み取る」「③学校としての特徴を読み取る」のように、円グラフをいろいろな角度から読み取ることで、データ活用の基礎が養われていきます。

　また、グラフを読み取ったりグラフに表現したりすることは、算数のみならず総合的な学習の時間でも行えます。例えば、伝統文化を学ぶ人の割合を円グラフで示し、推移を帯グラフで表します。二つのグラフを比べながら読み取ることで、気付きが生まれ、さらに調べてみたいという意欲へとつなげることもできます。

▼入りたいクラブの人数と割合

	4年（75人）		5年（50人）		6年（100人）	
	人数（人）	割合（%）	人数（人）	割合（%）	人数（人）	割合（%）
サッカー	15	20	14	28	28	28
陸上	15	20	6	12	41	41
ダンス	15	20	10	20	13	13
書写	15	20	5	10	8	8
アンサンブル	15	20	15	30	10	10

①学年の特徴を読み取る（例5年）

アンサンブルとサッカーの人数は一人の違いだけど、割合は2%の違いがあるね。

サッカー、ダンス、アンサンブルが人気だから、5年生はチームで何かをすることが好きなのかもしれないね。

②学年間の特徴を読み取る

5年生と6年生のサッカーに入りたいと思っている人の割合は同じだね。

でも、人数は違うよ。なぜ人数が違うのに割合は同じになるのかな。

③学校としての特徴を読み取る

3学年分のグラフから分かることは、校庭などの広い場所で活動するクラブは人気があることです。サッカーや陸上、校庭ではないですがダンスも広い場所で活動をするので似ています。これらのことから、〇〇小学校の子は、……。

POINT

――― データを読むポイント ―――

身近な内容を扱うことでデータやグラフに興味をもち、より深く知ろうという気持ちや、データを活用しようという意欲が高まります。

社会科の指導のコツ

工夫ある導入が、主体的な学びを生む

---**ねらい**---

学年最初の単元で、学習問題や学習計画を立てるための手順を確認することで、これからの社会科学習への意欲を養います。

📖 日本に「住所」はあるのかな？

　日本の国土については、5年生の最初の単元で扱います。学年のはじめに学習の行い方を確認することで、自分たちで学習問題や学習計画を立てられるようになります。導入を工夫し、これからの学習をより楽しく、意欲的に行えるようにしましょう。

導入（5時間扱いの2時間目）
T：みんなの家には住所があるよね。では、「日本」には住所ってないのかな？
C：えっ！　C：あるんじゃないかな。
C：前の時間に、近くには韓国や中国があることを確認したけど……。
※この時間で考える学習問題の、『日本は世界のどこにあるのだろうか』につなげます。
T：自分の家だったらどのように説明するかな？
C：□□市○○区……のように言うよ。
C：近くにある建物や目印が分かると伝えやすいね。
C：家の特徴を伝えることもあるよ。

　この後、子供の思考を整理し、**①大陸・海洋（6大陸3海洋）、②近くの国（韓国、中国）、③位置（経度、緯度）**の視点につなげていきます。

第3章 子供たちの学習意欲を伸ばす！ 5年生の授業のコツ

単元の流れ：わたしたちのくらしと国土

1時間目 日本はどのような特徴の国なのだろう。
☆単元のスタートとゴールになる学習問題です。
これを解決するために学習を進めていきます。

2時間目 日本は世界のどこにあるのだろう。（左ページ参照）

> 日本は、北半球にあり、ユーラシア大陸の東方に位置し、太平洋と日本海に囲まれています。日本は、南北に長い島国で、韓国や中国、ロシア連邦などが近くにあります。

☆地球儀や地図帳、白地図を活用しましょう。

3時間目 日本の範囲はどこからどこまでなのだろう。

> 日本は、北端が択捉島、南端は沖ノ鳥島、西端は与那国島、東端は南鳥島です。また、200海里の間が日本の範囲となります。

☆地球儀や地図帳、白地図を活用しましょう。

4時間目 日本は、地域によってどのような気候の違いがあるのだろう。
⇒日本は地域によって様々な気候があることを理解します。
☆地図帳、白地図を活用しましょう。

5時間目 日本はどのような特徴の国なのかまとめよう。
⇒日本はユーラシア大陸の東にあって、日本海や太平洋に囲まれ…
※2〜4時間目で学習したことを生かして自分の言葉で日本の特徴が語れるようにします。ノートや資料を振り返りながらまとめるようにします。

> 日本はユーラシア大陸の東に位置し、韓国や中国などが近くにあります。日本海や太平洋に囲まれ、東西南北の端に小さな島があり、南北に長い島国です。そのため、気候も地域によって違いがあります。
> 私は、この学習で日本には、地域によっていろいろな気候があるということが分かりました。これから、地域による地形や気候などの違いを詳しく知りたいと思いました。

――― 学習問題を立てるポイント ―――

学習問題は、子供が解決したいと思う疑問や事実とのズレを大切にして、教師と子供が一緒につくりましょう。

理科の指導のコツ

見付けよう！命のつながり

ねらい

各単元の共通項を見いだし、各単元をつなぐことを通して、子供たちの理解を深めます。

各単元をつなぎ、より理解を深める

　1年間の学習において、単元一つ一つを重視することはもちろんですが、学習内容の関連と系統性も意識して指導に当たることが大切です。教師は、子供たちが前年度までにどのようなことを学び、今の学びがこれからどのようにつながっていくのかをしっかりと把握しましょう。

　5年生における理科の単元には、生命のつながりを扱ったものが設定されています。植物の発芽、成長、結実を扱う単元、メダカなどの魚を育て、発生や成長を扱う単元、人の発生や成長を扱う単元。

　これらの単元では、生命は連続しているという考えをもつことができるようにするとともに、生命を尊重する態度を育むことも大切です。**教師は、一つ一つの単元を分断して指導するのではなく、単元のつながりや共通項を意識して指導します。**

　また、カリキュラム・マネジメントの視点から、各教科等におけるつながりを確認して意識し、各学校の実態に応じた学習指導計画作成に生かしていきましょう。

　子供たち自身が**「学習がつながり、積み重なっている」**と気付くことができるような展開を大切にしていきましょう。

命のつながり

　植物や魚、人の生命が受け継がれていくことについて、観察や実験を通して獲得した知識をもとに、生命の連続性に気付くようにします。さらに、つながれてきた生命の巧みさに感動するとともに、生命を尊重する態度を養うことにつなげます。

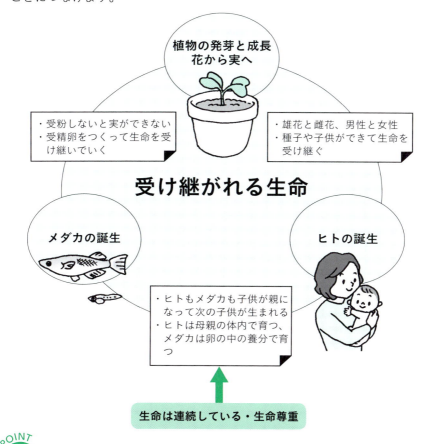

カリキュラム・マネジメントのポイント

　各教科等において、それぞれの学習内容とともに、どのような資質・能力を育むのかも含めたカリキュラムを作成します。計画をもとに授業を行い、成果を評価し、計画の再構成や授業改善につなげていくことが大切です。

音楽科の指導のコツ

クラスがまとまる歌唱指導

ねらい

自分たちの今やこれからを表す歌に出合うと、「歌いたい」「歌うことが楽しい」という気持ちがより大きくなります。歌いたいという気持ちを歌唱指導と学級経営に生かします。

歌が学級を育てる

　歌うことは、音楽の根源的な活動です。幼い頃から「歌うことが楽しい」「気持ちがよくなる」と感じていた（情緒・感情面）子供たちも、高学年になるにつれて「高い声が出ない」「音が外れる」（技術面）「恥ずかしい」「気持ちが乗らない」（情緒・感情面）などで悩むこともあります。歌うことは、自分や自分たちを表現することです。まずは、「歌いたい」「伝えたい」という気持ちを高めることが大切です。そこで、これから歌う歌詞が、自分たちの今やこれからに関係していたらどうでしょうか。きっと子供たちは、自分たちがなりたい姿を豊かに想像し、その思いをメロディーにのせ、歌うことでしょう。そのために、**歌詞をよく読んだり、想像したりすることは、子供たちの歌おうとする気持ちを高めるために不可欠なものです。**一人一人が思いをもち、場面や情景を豊かに想像し、これらについて友達と交流し合うという過程を経て、一人一人の、クラスの、学校ごとの歌が誕生します。それを歌うために、必要な技能を身に付けたいという意欲が湧いてきます。**必要性を感じるからこそ、技能がしっかりと身に付きます。**子供たち一人一人の「歌いたい」という気持ちを育てることが、歌唱技能の向上につながり、一緒に歌う友達との人間関係を育むことにもつながります。

5年生の歌唱教材　ベスト5

①『明日へつなぐもの』
6年生からバトンを受け継ぐ、5年生の気持ちを表した歌です。6年生への感謝とともに、最上級生になる決意が込められています。6年生に聴いてもらうことで、お互いに絆が生まれ、深まります。

②『MIDORI ～繋がる輪～』
稲の栽培、環境の学習にも生かせる歌です。旋律は簡単で、歌詞も子供らしく覚えやすいです。自然教室（集団宿泊的行事）のテーマソングとして、学年や学級で歌い、行事への気持ちを高めることもできます。

③『地球星歌　～笑顔のために～』
旋律が美しく、8分の6拍子は、子供たちがノリやすく躍動感をもって歌える歌です。大曲ではありますが、同じ旋律の繰り返しなので、時間を多くかけずに覚えられます。

④『レッツゴー！あしたへ』
ノリノリの歌です。学級開きや学級の歌としても使えます。一部の歌詞を自分たちで考えることで、クラスの歌にもできます。【資料参照】

⑤『クラスの星座』
情感溢れる歌です。学年が半年過ぎた頃に歌うと歌詞の言葉が心に沁み、気持ちを新たにすることもできます。

【資料】「レッツゴー！あしたへ」をクラスの歌バージョンにする。

```
くやし涙　流しながら
ケンカをしても　握手をした
その時から　仲間さ
```

```
楽しくて　明るくて
笑顔でいるよ　みんなが
あたたかい　クラスさ
```

 は、学級目標に使われている言葉

― 歌唱指導のポイント ―

教師が笑顔で生き生き歌うことと、歌詞や曲想に対する思いが大切です。教師の歌うことへの姿勢が子供に伝わり、少しずつ学級に広がっていきます。歌うことが苦手な子供などには、個別に支援するなどの配慮を行うとともに、その子供が「歌いたい」と思える受容的な雰囲気をつくることが大切です。

家庭科の指導のコツ

学校での学習を家庭で実践！

---- ねらい ----

学校での学習を家庭でも実践することを通して、家族の一員として生活をよりよくしようとする実践的な態度を育てます。

学習と家庭をつなぐサイクルづくり

5年生から始まる家庭科の学習では、意欲的に取り組んでいこうとする子供が多くいる一方で、初めての経験に不安を感じる子供もいます。そこで、4月に行う家庭科学習のはじめにオリエンテーションを行い、どのような学習をするのか、どのようなことができるようになりたいかを考えるなど、学習の見通しをもてるようにすることが大切です。

家庭での仕事分担に目を向けると、洗い物をしたり、洗濯物をたたんだりするなど、積極的にお手伝いに取り組んでいる子供がいる一方で、大人任せでほとんど家事に関わっていない子供もいて、生活経験に差があることでしょう。**家庭科の学習では、学校での体験的な学習を通して理解を深め、家庭で自ら実践して初めて一つの単元になるというサイクルをつくることが大切です。**それが「できるようになったことを家でもやってみたい」という意欲につながります。

「将来一人暮らしをしたときに困らないようにしたい」「いつも大変そうな家族を少しでも助けたい」と将来の自立を意識したり、家族のことを考えたりしながら、学習したことを家庭で実践していこうとする態度を育てられるようにしましょう。

学習の流れ

①授業でガスコンロの正しく安全な使い方を知る。
②お湯をわかし、お茶を入れて、実習を行う。
③家族団らんの工夫を考える。
④家庭で実践する。

学校で、ガスこんろの使い方とお茶の入れ方を学習したから、家でもやってみたいな。

授業で学習したことをもとに、家庭でお茶会を実施します。事前に招待状をつくってから実施するなどの工夫も考えられます。

授業で学習したことをもとに、各家庭の実態に応じて家族団らんの工夫を考えます。

各家庭の実態に応じて、手順や気を付けることを考えます。事前に急須や湯飲み茶碗などの位置や個数を確認しておくとよいでしょう。

実践時の写真やイラストがあると、様子がより伝わってきます。

各家庭の実態に配慮しつつ、家族からの感想欄に励ましや感謝の言葉を書いてもらえるようにしておくと、子供たちの達成感、今後の学習意欲につながります。

―― **家庭での実践のポイント** ――

各家庭には、事前に家庭科の学習で学んだことを家庭で実践する旨の手紙や学年だよりを配付し、協力をお願いしておきます。ガスコンロを使用したり、沸騰した湯を使ったりするので、安全面にも配慮するよう伝えましょう。

体育科の指導のコツ

ICT機器を活用した楽しい跳び箱運動

ねらい

自分の跳び方を客観的に見て、手本と比較することで、自分で課題に気付き、課題を解決するための練習を進んで行えるようになります。

自分の動きを確認しよう

器械運動の動きは、一瞬で終わってしまうので、客観的に自分の動きをとらえることが難しい学習です。そこで、ICT機器を活用することが考えられます。カメラを使って静止画として自分の姿を確認したり、ビデオを使って動画として確認したりします。意識して行った動きができていたかを確かめたり、友達の動きを見て気付いたことを伝えたりすることは、学習を効果的に進める方法の一つです。**友達と一緒に学習を進めることで、学級内の人間関係を深めることにもつながります。**

学習の流れ（7時間扱い）

1　切り返し系の基本的な技のポイントを確認しながら跳び箱運動を楽しむ
2　回転系の基本的な技のポイントを確認しながら跳び箱運動を楽しむ
3～4　自分に合った切り返し系や回転系の技に挑戦して跳び箱運動を楽しむ
5～7　自分に合っためあての解決方法を選んで、跳び箱運動を楽しむ

その技のポイントや、意識して練習しているところを撮影しましょう。タブレット型の端末などを使えば、より手軽に動きを確認することができます。撮影データをICT機器内に残したままにしないようにしましょう。

▼ ICT 活用の様子

ICT 機器活用のポイント

カメラやビデオ、タブレット端末などの使い方については難しくないものを選び、写し方は事前に確認しておきます。ICT 機器は、動きを確認したり、練習方法を考えたりするためのツールとして使いましょう。また、ICT 機器に気を取られ、安全への配慮を怠ることがないように十分気を付けましょう。

外国語科の指導のコツ

文字指導の アクティビティ

ねらい

発達の段階に応じた「読むこと」「書くこと」に慣れ親しみ、積極的に英語を読もうとしたり書こうとしたりする態度を育みます。

読むこと、書くことにも慣れ親しもう

2020年から5・6年生においては外国語が教科化され、3・4年生でも「聞くこと」「話すこと」を中心とした外国語活動が実施されます。新しい学習指導要領解説には、「書くこと」に関して、「四線上に書くことができるようにすること」や「語順を意識しながら書き写すこと」「自分のことや身近で簡単な事柄について、例文を参考に書くことができるようにする」とあります。

単に、中学校で学ぶ内容を小学校高学年に前倒しするのではなく、身近なことに関する基本的な表現によって各領域の豊かな言語活動を行うため、**発達の段階に応じた「読むこと」「書くこと」に慣れ親しみ、積極的に英語を読もうとしたり書こうとしたりする態度を育むことを含めた初歩的な運用能力を養うことが大切です。**

右ページでは、現行の学習指導要領では取り扱うことのなかった5年生における文字指導について「Hi, friends! Plus」などを活用しながら段階的、継続的にアルファベットの文字に慣れ親しみ、文字への興味・関心を高められるようなアクティビティを紹介します。

アルファベットチャンツの動画を活用した実践

X　　Z

　アルファベットの形を体で表現します。チャンツに合わせて写真が出るよう動画をつくり、授業の中で活用します。体感的に形を覚えられ、楽しみながらアルファベットを学習することができます。

「Hi, friends! Plus」を活用したアルファベットの書き方や単語の練習

　「Hi, friends! Plus」のページを印刷し、A〜Zの書き方指導や、単語の学習プリントを作成します。

　10分間程度の時間でも活用でき、短時間での文字指導に効果的です。

アルファベット文字当てパズル

　「Hi, friends! Plus」には、アルファベット文字当てパズルというゲームが入っています。全体で手順を確認し、「Hi, friends!」のアルファベットカードを活用しながら友達同士で文字当てゲームをします。

　カードをあける際には、既習の会話文である「What do you want?」「○ card please.」を使って、隠れている大文字のアルファベットを見付ける活動をします。

―――― 文字指導のポイント ――――

　小学校における文字指導については、中学校外国語科の指導とも連携させ、子供たちに対して過度の負担を強いることなく指導する必要があります。

道徳科の指導のコツ

正直である自分の姿を考える

ねらい

正直である自分の姿を想像し、「うそをつく」ということへの視点も交え、正直、誠実について考えます。これからの生活をふさわしい態度で過ごそうとする心情を育てます。　　＜関連する主な指導内容＞A　正直、誠実

信用・信頼の観点から考える

「正直な自分でありたい」、子供たち誰もが心の底でこのように思います。そんな自分に近付くために、正直であるとはどんなことを得ることができ、またそうでない場合、どんなことを失っていくのかを考えていきます。

ここでは、子供たちが経験したことがあるであろう「うそ」を通して、なぜ、うそをついてはいけないのかを、信用や信頼の観点から考えていきます。うそはいけないことだと分かってはいるが、怒られるといったことや、その場をやり過ごす、といった目先のことにとらわれてしまうことが見られます。そのため、信用や信頼を失うことがいかに悲しいことなのか、またそれらを取り戻すことがいかに大変であるかについて考えていきます。

授業展開では、まず自分を振り返ることが大切です。その後、話合いの活動で考えを深めていきます。うそには、相手を思ったうそ、ついてもいいうそがあることに子供たちは気が付くことでしょう。また、相手を傷付けたり、自分のためだけにうそをついたりすることは、いけないことだと改めて気が付きます。そして、後者のうその先には、信用や信頼といった大切なものを失うことに気付きます。**なぜ、うそをついてはいけないかを考える中で、その逆である正直、誠実であることの大切さを学びます。**

第3章　子供たちの学習意欲を伸ばす！　5年生の授業のコツ

「正直であること」学習の流れ

①うそはついてはいけないと思いますか　　　「はい」が多く予想されます。　**板書**
　はい・いいえ　＜理由＞

②うそはどんなときでもついてはいけませんか　**板書**
　ここでは、先ほどと違い、多くの子供が「いいえ」を選ぶと思われます。「相手が喜ぶうそ」「安心させてあげるためのうそ」など、どのようなうそが、ついてもよいうそなのかを話し合います。

③それでは、ついてはいけないうそとは、どんなうそですか　**板書**
　次に、「ついてはいけないうそとは何か」を話し合います。「相手の心を傷付けるうそ」「相手をだますうそ」「相手を裏切るうそ」。

④なぜ、うそをついてはいけないのでしょうか　**板書**
　子供たちの話合いから出された意見をまとめます。

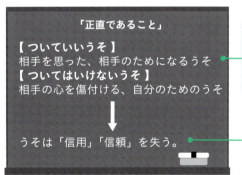

なぜ、「ついてはいけないうそ」はいけないのでしょうか。その理由について、考えを出し合い深めます。そこから信用や信頼というキーワードが出てきます。

一度失った信用や信頼を取り戻すことは簡単なことではありません。

―――「正直であること」のポイント―――
　「うそ」という正直とは反対の行動について考えることで、正直である姿は「信頼」される姿であるということに気が付けるようにしましょう。

総合的な学習の時間の指導のコツ

今ある情報の視覚化

― **ねらい** ―

思考ツールに書き出すことで、情報を整理・分析しやすくし、改めて自分の考えを構成する過程を楽しむ子供たちを育てます。

 ## 考えるって楽しい

　思考ツールは、頭の中にあるいろいろな情報を書き出して視覚化し、整理しやすくするためのものです。書くときに整理するのではなく、書き出した後に整理するので、まずは何でもいいので、書いてみることが大切です。

　次に、思考ツールに書き出された情報をもとにして、自分の意見をつくり出します。書き出されたものを見て、何かを選ぶときの根拠が明確になったり、反論が予想されるものには、前もって解決策を考えたりすることもできます。

　思考ツールは、個人でもグループでも使うことができます。なるべく多くの異なった考えを書き表すことを目的としているので、個人で考える時間をとった後に、グループで考える時間を設けることで、多様な意見を集めることができます。また、このような学習は得意な子供と不得意な子供がいるので、グループで行うことで全員が思考ツールの使い方に慣れることもできます。

　子供たちは、思考ツールにある情報をもとに、いろいろな解決策を考えたり、よりよいものを選択したりします。 思考ツールを活用することで、自分で考えるだけでなく、友達と一緒に考えることもでき、**「考えるって楽しい」** と感じる子供が育っていきます。

思考ツール例

①ベン図（共通点を探す）

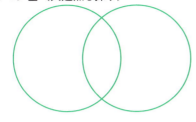
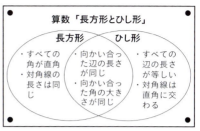

②イメージマップ（考えられるパターンを探す）

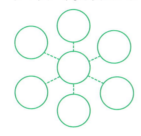
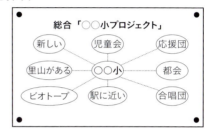

③ステップチャート（手順を探す）

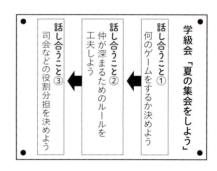

——— 思考ツールのポイント ———

思考ツールには、短冊や表などいろいろな形のものがあります。また、総合的な学習の時間だけに使うものではなく、すべての教科等で使うことができます。

特別活動　学級活動の指導のコツ

学級活動で楽しく豊かな学級づくりを

ねらい

学級活動の在り方について理解し、育成を目指す資質・能力の視点である「人間関係形成」「社会参画」「自己実現」を目指した学級活動を実践できるようにします。

学級活動で、仲間づくり・生活づくり・自分づくり！

「小学校学習指導要領解説」では、特別活動で育成を目指す資質・能力の視点として、**「人間関係形成」「社会参画」「自己実現」**の三つを挙げています。学級の仲間との豊かな人間関係づくりを目指し、自分たちの生活を自分たちでつくっていく態度を育て、自分自身をつくっていく自己指導能力の育成を目指します。学級活動は、(1)～(3)の内容に分けられます。

(1)は、**「学級や学校における生活づくりへの参画」**です。(2)は、**「日常の生活や学習への適応と自己の成長及び健康安全」**です。(3)は、**「一人一人のキャリア形成と自己実現」**です。(3)は平成29年度の学習指導要領の改訂で新設されました。

学級活動(1)では、「学級会」での「話合い活動」「係活動」「集会活動」といった内容が挙げられます。子供の自発的、自治的な集団活動の計画や運営に関わるものです。特に「学級会」では、「集団討議による合意形成」を目指します。

学級活動(2)及び(3)は、「集団思考を生かした個々の意思決定」を目指します。各活動のねらいを明確に理解した上で、実践することが大切です。また、「学習指導要領　第6章特別活動」には、学級における自発的、自治的な活動を中心として、学級経営の充実を図ることが示されています。

学級活動の内容

学習指導要領（平成20年）

学級活動(1) 学級や学校の生活づくり

- ア　学級や学校における生活上の諸問題の解決
- イ　学級内の組織づくりや仕事の分担処理
- ウ　学校における多様な集団の生活の向上

学級活動(2) 日常の生活や学習への適応及び健康安全

- ア　希望や目標をもって生きる態度の形成
- イ　基本的な生活習慣の形成
- ウ　望ましい人間関係の形成
- エ　清掃などの当番活動等の役割と働くことの意義の理解
- オ　学校図書館の利用
- カ　心身ともに健康で安全な生活態度の形成
- キ　食育の観点を踏まえた学校給食と望ましい食習慣の形成

学習指導要領（平成29年）

学級活動(1) 学級や学校における生活づくりへの参画

- ア　学級や学校における生活上の諸問題の解決
- イ　学級内の組織づくりや役割の自覚
- ウ　学校における多様な集団の生活の向上

集団討議による合意形成

学級活動(2) 日常の生活や学習への適応と自己の成長及び健康安全

- ア　基本的な生活習慣の形成
- イ　よりよい人間関係の形成
- ウ　心身ともに健康で安全な生活態度の形成
- エ　食育の観点を踏まえた学校給食と望ましい食習慣の形成

学級活動(3) 一人一人のキャリア形成と自己実現

- ア　現在や将来に希望や目標をもって生きる意欲や態度の形成
- イ　社会参画意識の醸成や働くことの意義の理解
- ウ　主体的な学習態度の形成と学校図書館等の活用

集団思考を生かした個々の意思決定

―― 学級活動のポイント ――

　学級活動の時数は35時間です。(1)(2)(3)の時数については、学習指導要領には明記されていませんが、高学年においては(1)を20～25時間、(2)と(3)で10～15時間とするのが一般的と考えられます。適切な時数を充てて実施することが大切です。

特別活動　学級会の進め方①　事前の活動

学級会の事前の活動 計画委員会を開こう！

ねらい

学級活動の中心的な活動となる「学級会」における事前の活動としての議題の選定や、司会グループに提案者を加えた計画委員会のもち方について理解し、子供たちが主体的に話合い活動を行えるようにします。

事前の計画委員会で、学級会の充実を！

　平成29年度の全国学力・学習状況調査において、「学級会などの話合い活動で、自分とは異なる意見や少数意見のよさを生かしたり、折り合いをつけたりして話し合い、意見をまとめていますか」という設問に肯定的な回答をした割合が、全国で50.5％でした。つまり、全国の6年生のおよそ半数は、5年生までに適切な話合い活動の経験が十分にできていないことを表している数値だと言えます。学習指導要領に明記されている教育課程ですので、国立教育政策研究所のホームページに掲載されている「特別活動　指導資料」などを参考に、しっかり実践していくことが大切です。

　学級会を実施するためには、朝の時間や休み時間などを利用して、事前の準備が必要になります。**全員が経験できるように輪番制の司会グループを決めて、提案者を含めた計画委員会を実施し、よりよい議題の選定や話合いの進め方の確認を行い、話合い活動を行うことが大切です。**

　ここでは、議題を集める方法や計画委員会の進め方について紹介していきます。

第3章　子供たちの学習意欲を伸ばす！　5年生の授業のコツ

①議題を集める議題箱の設置

学級に議題箱を設置し、話し合いたい内容を募集します。議題としては、「学級内の生活上の諸問題の解決や集会活動の計画、楽しく豊かな学級生活を送るためのきまりや工夫などが考えられる」と学習指導要領に示されています。子供のつぶやきから議題を決めることもあります。

②議題の選定

議題箱に寄せられたものの中から、司会グループを中心に次の学級会の議題を選定します。その際、学級全体で取り組むべき内容か、子供の自発的、自治的な活動として子供に任せることができる内容かなどを担任として判断する必要があります。

③活動計画の作成

司会グループと提案者で計画委員会を組織し、右のような活動計画を自分たちで書き込みながら、めあてや話合いの流れ、気を付けることなどについて話し合います。

子供に任せることができない内容
個人情報やプライバシーの問題、相手を傷付けるような結果が予想される問題、教育課程の変更に関わる問題、校内のきまりや施設・設備の利用の変更などに関わる問題、金銭の徴収に関わる問題、健康・安全に関わる問題

━━━ 議題選定のポイント ━━━

学級会は、子供の自発的、自治的な活動ですが、あくまでも自治的であって、自治ではありません。議題は、担任の適切な指導の下で子供が選ぶために「選定」と言います。議題には、子供たちの必要感があることが重要です。

特別活動　学級会の進め方②　本時の活動

学級会で、楽しく豊かな学級生活をつくる！

ねらい

　学級会では、自分とは異なる意見や少数意見のよさを生かしたり、折り合いを付けたりしながら、みんなでよりよい合意形成を図る態度を養います。

みんなで話し合って、みんなで決める学級会！

　学級会では、集団討議による合意形成を目指します。少数意見のよさを生かしたり、折り合いを付けたりしながら、学級をより豊かにしていくために話し合って、みんなで決める活動です。

　私たちは、家庭や職場、サークルや自治会など、常に何らかの集団の中で合意形成を図りながら生活しています。18歳選挙権の導入で、主権者教育の重要性も高まっています。特別活動で育成を目指す資質・能力の視点として「人間関係形成」「社会参画」「自己実現」の三つが示されています。**学級活動を通して、社会参画の素地を育てることも大切です。**

　みんなで話し合って、みんなで決めたことを、みんなで実践していく活動を通して、子供たちが互いのよさや頑張り、活動の価値に気付き、学級の支持的風土が培われていきます。もちろん、合意形成を図ることは、時として非常に重いことでもあります。なかなか合意形成にいたらないこともあるでしょう。しかし、意見の違いを乗り越えて合意形成を図り、実践することで、学級としての育ちも生まれます。

　多数派の意見だけでなく、少数意見なども大切にしながら、折り合いを付けて合意形成をすることが大切です。

第3章 子供たちの学習意欲を伸ばす！ 5年生の授業のコツ

学級会の板書例

短冊
出されたアイデアを短冊に書いて、黒板に貼ります。分類整理するのに効果的です。

話合いのめあて
提案者の思いを受け、学級として、何を目指して話し合うのかを明記します。

提案理由
提案者の思いをまとめ、提示し、何のための話合い、活動をするか目的を明確にします。

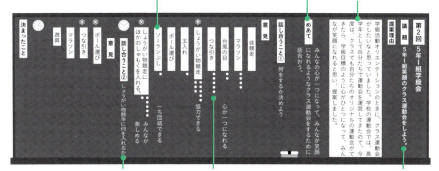

話し合うこと
主に①では「何をするか」、②では「どのようにするか」、③で役割分担を話し合います。

賛成マーク・反対マーク
色分けして示すなどして、話合いの状況や過程が分かるようにします。

議題
話し合う議題を明記します。

話合いの流れ

学級会は、基本的に右のように進めます。話合いでは、「出し合う」「比べ合う」「まとめる（決める）」という流れで進めます。

――― 学級会のポイント ―――

子供たちは、はじめからうまく学級会を進められるわけではありません。高学年であっても、教師が積極的に司会グループをサポートする必要があります。また、経験や内容に応じて話し合うことを絞り、重点化を図るようにします。

特別活動　学級会の進め方③　事後の活動

みんなで決めて、みんなで実践！事後の活動

ねらい

学級会で話し合って、みんなで決めたことを、みんなで実践していくことの価値に気付き、よりよい人間関係の形成を目指した実践を通して、自分たちで豊かな学級生活をつくっていく態度を養います。

 ## クラスの仲を深める集会活動

　学級活動の活動形態として、学習指導要領には**「話合い活動」「係活動」「集会活動」**が挙げられています。このことから、学級会での議題も集会活動に関わるものから選定されることが比較的多くなります。

　一口に集会活動と言っても、その活動は様々です。教室での簡単な遊びを行う集会。外での遊びを行う集会。発展して、室内では、学級のオリジナルの遊びをつくっての集会や出し物集会、学級ギネスブックづくりなども考えられます。また、屋外では、ミニ運動会、学級オリンピックなども考えられます。学級が成熟してくると、新年の意気込みを語り合う集会や友達のよいところを伝え合う集会などを自分たちで発案して実践することもあります。

　大切なのは、**学級会で話し合って決めたことを、みんなで実践することです。** 実践に向けて、学級全員で役割分担をして、全員で準備を進め、全員で楽しむことで、学級の友達との仲を深め、集団の凝集性が高まっていきます。実践後には振り返りを行って、成果と課題を次の活動へと生かすことも大切です。ここでは、いくつかの集会活動について紹介します。

【実践例】

ジェスチャーバスケット

学級会で、室内遊びを何にするかを話し合い、ジェスチャーゲームとなんでもバスケットの二つに賛成が集中したため、二つを併せて、ジェスチャーで答えが分かった人が立って移動する遊びを実践しました。自ら新たな遊びを生み出し、楽しむ経験が学級の凝集性を高めます。

クラス運動会をしよう

学級会で、クラス運動会をしようという議題で話し合い、「応援合戦」「5人6脚」「障害物競走」「リレー」を行いました。司会や実況担当、トロフィー担当などの役割を分担して実践することで、集会活動への参画意識が高まります。

出し物集会をしよう

学級会で、どんな出し物をするかを複数決め、グルーピングして発表し合いました。ブラックボックス、クイズ、ダンス、手品など、それぞれの出し物を工夫して実践しました。互いのよさを認め合う活動を取り入れると効果的です。

── 事後の活動のポイント ──

話し合って決まったことをみんなで実践することが大切です。一人一人に役割があることで、集会活動に主体的に参画することができるので、全員で役割を分担しましょう。休み時間を使って、遊び係が決めたものを学級遊びとして行うこともありますが、学級活動の時間を使う場合は、学級会で話し合って実践することが大切です。

特別活動　学級活動（2）（3）の進め方

学級活動で、集団思考を生かした意思決定

ねらい

学級活動の内容（2）及び（3）の基本的な進め方を教師が理解し、子供たちが学級での話合いを生かして、自己のめあてを意思決定できるようにします。

めあてをもって生活しよう！学級活動（2）（3）

　学級活動は、これまで学級活動（1）と学級活動（2）で構成されていましたが、平成29年の学習指導要領の改訂で、新たに学級活動（3）が設定され、(2)「日常の生活や学習への適応と自己の成長及び健康安全」と、(3)「一人一人のキャリア形成と自己実現」で構成されました（P.112、113参照）。集団思考（話合い）を生かした個々の意思決定を授業のねらいとしています。つまり、一人一人が題材について課題をつかみ、解決方法等についてみんなで話し合い、めあてを立てて実践し、振り返って自己の生活に生かしていきます。

　活動の流れは、**事前の指導、本時の指導、事後の指導**で構成されます。事前の指導では、アンケートなどを活用して、題材への子供の意識を高めます。本時の導入では、アンケート結果をもとに、自己の課題に気付けるようにします。課題の原因について考え、解決方法等について話し合います。話合いを生かして、自分の具体的な実践方法を意思決定できるようにします。**課題を「つかむ」、原因を「さぐる」、解決方法を「見付ける」、個人目標を「決める」**の流れです。事後の指導では、めあてを実行し、振り返りを行います。ここでは、「学級活動（3）ア　現在や将来に希望や目標をもって生きる意欲や態度の形成」をもとに紹介します。

第3章　子供たちの学習意欲を伸ばす！　5年生の授業のコツ

学級活動（3）ア題材「運動会のめあてを立てよう」

①つかむ

アンケート結果
運動会は楽しみですか。
・すごく楽しみ…22人　・楽しみ…5人
・あまり楽しみではない…1人　・楽しみではない…0人
大切にしたいことは何ですか。
・勝って優勝する　7人　・高学年らしい姿を見せる　14人
・係として運動会を動かす　14人　・とにかく楽しむ　5人
・他の学年の種目をよく見る　6人
・気合と根性を見せつける　2

②さぐる

でも、運動会の係の仕事を心配している友達もいるよ。不安を解消するには6年生にアドバイスをもらおう。

ぼくも5年生のときは運動会の係が不安でした。でも、先輩の姿を見て…。

高学年になって、運動会の係の仕事を頑張りたいと思っている人も多いね。

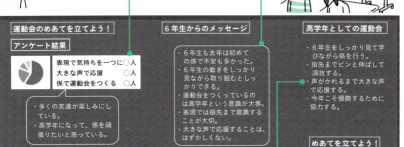

運動会のめあてを立てよう！
アンケート結果
表現で気持ちを一つに　○人
大きな声で応援　　　　○人
係で運動会をつくる　　○人

・多くの友達が楽しみにしている。
・高学年になって、係を頑張りたいと思っている。

6年生からのメッセージ
・6年生も去年は初めての係で不安も多かった。
・6年生の動きをしっかり見ながら取り組むとしっかりできる。
・運動会をつくっているのは高学年という意識が大事。
・表現では指先まで意識することが大切。
・大きな声で応援することは、はずかしくない。

高学年としての運動会
・6年生をしっかり見て学びながら係を行う。
・指先までピンと伸ばして演技する。
・声がかれるまで大きな声で応援する。
・今年こそ優勝するために協力する。

めあてを立てよう！

③見付ける

6年生からのメッセージ映像を見たら、自分たちもできそうな気がしてきたよ。どんなことに気を付けたらいいか、よく分かったよ。

④決める

ぼくのめあては、「分からないことは6年生に聞きながら、自分の係を真剣にやる」にしよう。

私は、応援合戦でとにかく大きな声で応援したい。めあては「大きな声で応援」にする。

POINT

── 学級活動（2）（3）のポイント ──

　一人一人が具体的な行動目標を立て、それを意識して実践し、振り返って成果や課題を次に生かします。カードを配って「めあてを書きましょう」ではなく、集団思考（話合い）を生かした個人のめあての意思決定を大切にします。

第4章

5年生で使える「学級遊び」

5年生で使える「学級遊び」①

拍手のリレー

用意する物：なし

概要

友達の動きを感じて、自分も手を打つという動きをすることにより、一体感と達成感を味わうことができるようにします。

STEP 1　やり方を知る

「これからみんなで、あるチャレンジをします。まず、全員できれいな円をつくりましょう。隣の人とぎりぎり肩がぶつからないくらいの距離で円をつくります。今から私が1回、拍手をします。その後、私の右の人から順に拍手を1回ずつしてください。パチ、パチ、パチ、パチと送ります。まるで、拍手のリレーだね」。

STEP 2　拍手のリレー①

「では、やってみましょう」。

「タイムを計ってみますね。○秒です。では、今度はもっと速くやってみましょう」。

「次はもっと難しいものにチャレンジしてみましょう」。

STEP 3　拍手のリレー②

「両手を前について、座りましょう。今度は拍手の代わりに、床をたたきます。左手、右手の順番でたたきます。左手、右手、左手、右手とリレーしていきます」。

「何秒かかるか、やってみよう」。

STEP 4　拍手のリレー③

「次は、さらに難しいものにチャレンジしてみましょう。前についている手を、隣の人とクロスするようにしましょう。

最初に私の右側のAさんの左手、私の右手、Aさんの右側のBさんの左手、Aさんの右手というようにします」。

STEP 5　振り返り

「やってみてどうでしたか？　ペアになって感想を伝え合いましょう」。
「どんな感想が出たか、みんなに教えてください」。

――― 指導のポイント ―――

クラスのスタートの時期は、クラスを分けずに全体で行うようにしましょう。いくつかに分けると、知らず知らずのうちに競争になってしまいます。まずは勝ち負けにこだわらず、みんなでチャレンジするようにします。小さな成功体験が積み重ねられるように、「みんなで気持ちを一つにしてチャレンジしたからできた」という思いをもつことができるようにします。この積み重ねが、「ぼくらはできる」というポジティブな気持ちを育てます。

5年生で使える「学級遊び」②

つないで運ぼう

用意する物：八つ切りの画用紙を縦半分に切ったもの、ピンポン玉、ビー玉等（重くて小さいほど難度が上がる）、ゴール用カップ（バケツ・空き缶等）

概要

お互いを尊重し、目標に向け協力する活動を通し、仲間との一体感や協力することのよさを感じることができるようにします。朝の時間などに簡単にできます。

STEP 1　本時のめあてと活動（つないで運ぼう）について聞く

「これから、皆で一緒にクラスをつくっていきます。そのためには、力を合わせることが大切です。今日は、協力しなければできない遊びをします。皆がもっている半分の筒をつないで、ゴールまで玉を運びます」。

【めあて】
気持ちを一つにして「つつ」をつなごう

STEP 2　ルールを確認し、グループで作戦を立てる

〈作戦例〉
・筒をもつ高さをそろえる。
・あまりくっ付きすぎない。

ルールの例

・玉を落としたら、スタートラインからやり直す。
・玉を手で押さえてはいけない。
・玉を筒に乗せたまま、移動してはいけない。
・筒を床に並べて、玉を運んではいけない。

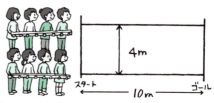

第 4 章　5 年生で使える「学級遊び」

　実際に 4〜5 人の子供たちによるデモンストレーションを見せて、工夫点を考えられるようにします。
　「どうすれば、チームワークよく運べるか、グループで話し合いましょう」。

STEP 3　つないで玉を運ぶ

　「では始めます。ゴールは、全部のグループが成功することです。自分のグループがゴールしたら、座って他のグループを応援します。どんな応援をしたらいいか、考えてみましょう」。

STEP 4　振り返りをする

　楽しく活動できたか、協力して参加できたか、自分や友達のよさについて気付きがあったかなどを、子供たちが振り返りシートに記入します。
　『最初はうまくいかなかったけど、素早くつなげたらうまくいきました』。
　『普段あまり話したことがない友達と楽しくできてよかった』。

一つのグループの人数は男女混合の 7〜8 人とします。4 人の生活班を二つ合わせてもよいでしょう。

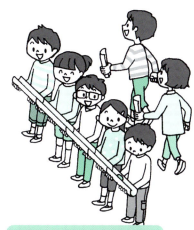

あのグループは、声をかけあっているから、スムーズだね。

―――― 指導のポイント ――――

　力を合わせるためには、何を心がければよいかを確認してから始めるようにします。このような活動では、子供たちの「素の自分」が出ます。子供たちの対立の場面を見ると、つい指導したくなりますが、心と体の安全が脅かされているとき以外は、子供たちが解決しようとするのを待ち、できるだけ子供に任せるようにしましょう。

5年生で使える「学級遊び」③

I like winter.

用意する物：春・夏・秋・冬の絵カードや写真、英語のカード

概要

英語を使ったアクティビティを通して英語に親しむとともに、自分と似たような好みや違う好みをもつ友達の存在を知り、お互いの理解を深めます。

STEP 1 めあての確認をして、季節の言い方を知る

「絵カードを見ながら、英語で季節の名前を言ってみましょう」。

春 spring　　夏 summer
秋 fall　　　冬 winter

【めあて】
・友達の好みを知ろう。
・お互いの好みをしっかり伝え、しっかり聞こう。

STEP 2 好きな季節の仲間同士で集まる

「自分の好きな季節をつぶやきながら、教室を歩いてみましょう。自分の好きな季節と同じ季節をつぶやいている友達を見付けたら、集まります。大きな声でなく、小さい声でつぶやきながら探します」。

「好きな季節ごとの四つのグループができたようですね。そのまま、その場に座りましょう」。

「グループごとに好きな季節を尋ねますね」。「Which season do you like best?」「We like 〜.」

STEP 3　インタビューゲームをする

①季節ごとにインタビューをする。5〜6人くらいのグループをつくり、好きな理由を聞き合う

Why do you like ○○○○ ?
冬：Because I like snow.
春：Because I like flowers.
夏：Because I like swimming.
秋：Because I like red leaves.

②教室内を歩きながら、出会った人に好きな季節と理由をたずねる

Which season do you like best?
I like 〜. Because I like 〜.

シートを配って学級のみんなの好きな季節を調査するのも楽しいです。

STEP 4　振り返りをする

活動を振り返って、感想を発表しましょう。自分と似た好みや、異なる好みをもつ友達がいることに気付き、互いの理解が深まるようにします。

POINT ──── 指導のポイント ────

アクティビティを始めるときに、「えー、やりたくなーい」「無理！」などマイナスな発言や行動をとる子供がいます。そんなときに注意してしまうと、注目されたことで、さらにやる気をなくしたり、落ち着かなくなったりすることがあります。アクティビティを楽しく進めていき、やりたくないと言っていた子供も、参加したくなる雰囲気をつくるようにしましょう。

5年生で使える「学級遊び」④

This is for you.

用意する物：プレゼントの絵を描いたカード（クラスの半分の数）
　　　　　　友達の好み推理カード（3～4枚×人数分）

概要

グループの友達の好みを推測することを通して、交友関係のきっかけをつくるとともに、友達の評価をもとに自己理解を深めます。

STEP 1　Hello Song を歌う

明るく楽しい雰囲気で活動が始められるように、歌を歌います。
「みなさん、今日も元気ですか？リズムに乗って『Hello Song』を歌いましょう」。

> Hello.Hello.Hello,how are you?
> I'm good.
> I'm good.
> I'm good,thank you.
> And you?

STEP 2　プレゼントゲームをする

「プレゼントをあげるときは、This is for you. と言います。そして、I hope you like it. という言葉をそえます。もらった人は For me? と確かめたら Thank you. とお礼を言いましょう」。

> A:This is for you. I hope you like it.
> B:For me?
> Wow! ／ Thank you.
> 実際に渡す気持ちになって動作を付けて渡す。

- クラスの半分の子供にプレゼントの絵を描いたカードを渡す。
- カードを持った人は、持っていない人にカードを渡し、会話をする。
- 交替して繰り返す。

STEP 3　プレゼントゲームをする

カードの項目
「好きな食べ物」「好きな教科」
「好きなスポーツ」「趣味」
「好きな色」など、5・6項目程度を用意しましょう。

「次は、プレゼントゲームをします。ねらいは、友達のことや自分が友達からどう思われているのかを知り、友達と仲よくなるきっかけをつくることです。『友達の好み推理カード』に友達の好みを推理して、書き込みましょう」。

「では、一人ずつ順番に自分の好みを発表してください。最初はAさん。さあ、みんなの推理は当たっているでしょうか」。

「私の好きな色は〇〇です…好きな食べ物は…で」。「みなさんどうでしたか？」。

『Aさんはサッカーが上手なので、好きなスポーツはサッカーだと思ったよ』。

『Bさんは、野菜を残さず食べているから、お肉が一番好きだとは思わなかったなあ』。

「それでは、推理カードの下の欄に、一言メッセージを書いて、プレゼントとして、英語でカードを渡しましょう」。

―― 指導のポイント ――

教師は「英語を教えよう」「正しい発音で」ではなく、子供たちと一緒に活動し、ジェスチャーなどに気を付け、進んでコミュニケーションを図ろうとするモデルになりましょう。子供たちは小さなことでも評価され、褒められると自信をもち、やる気がでます。褒め言葉も表情豊かに、"Wonderful!" "Nice" "OK" などの言葉を、場面や状況に応じて使うようにしましょう。

5年生で使える「学級遊び」⑤

What are you doing?

用意する物：絵カード

概要

ジェスチャーを使った英語を使ったアクティビティを行うことで、子供たちの仲が深まります。

STEP 1　ジェスチャーで伝える

「隣の人と二人組になってください。朝起きてから、自分がしたことを隣の人にジェスチャーで教えてください。言葉は使いません。一人1分です」。

「1分たちました。交替しましょう」。

STEP 2　「何をしているのか」を尋ねる言い方と答え方を知る

「今日は、英語でジェスチャーゲームをします。ゲームの前に、何をしているのかを尋ねたり、答えたりする言い方を練習してみましょう」。

「絵カードを見ながら、何をしているのか答えましょう」。

```
What are you doing?
I'm skiing.
swimming/singing/playing base-
ball
running/walking/playing soccer
```

STEP 3 ジェスチャーゲーム①をする

「グループごとに輪になって座り、順番に絵カードを引き、出た絵カードのジェスチャーをします」。

「座っている人は、ジェスチャーをする人を見ながら
What are you doing?
Are you running? と尋ねます」。

「正しいときは、
Yes, I'm running. と答え、次の人に交替し、間違えているときは、
No, I'm not running. と答え、もう一度尋ねます」。

時間のあるときは、何回か繰り返します。

STEP 4 ジェスチャーゲーム②をする

絵カードにないジェスチャーを考えてカードをつくり、ジェスチャーゲームをします。

―― 指導のポイント ――

みんなの前でジェスチャーをすることに抵抗を感じる子供もいます。まずは隣の友達との二人組から行い、だんだんと人数を少しずつ増やしていき、身体表現することに慣れるようにします。楽しいアクティビティの雰囲気を盛り上げるために、教師も表情やジェスチャー、アクションを取り入れるようにしましょう。

[編著者]

安部 恭子　Abe Kyoko

文部科学省初等中等教育局教育課程課教科調査官〔特別活動〕
国立教育政策研究所教育課程研究センター研究開発部教育課程調査官

特別活動サークルや研究会での、たくさんの仲間や尊敬する先輩たちとの出会いにより、特別活動の素晴らしさを実感し大好きになる。大宮市立小学校、さいたま市立小学校、さいたま市教育委員会、さいたま市立小学校教頭勤務を経て、平成27年4月より現職。

橋谷 由紀　Hashitani Yuki

川崎市教育委員会総務部担当部長

[執筆者]

青木 洋俊	神奈川県川崎市立上作延小学校教諭
片山　健	神奈川県川崎市立向丘小学校教諭
下村 智英	神奈川県川崎市立麻生小学校教諭
田中 潤也	神奈川県川崎市立下河原小学校教諭

「みんな」の学級経営
伸びる つながる 5年生

2018（平成30）年3月22日　初版第1刷発行

編著者　安部恭子・橋谷由紀
発行者　錦織圭之介
発行所　株式会社 東洋館出版社
　　　　〒113-0021　東京都文京区本駒込5-16-7
　　　　営業部　TEL：03-3823-9206
　　　　　　　　FAX：03-3823-9208
　　　　編集部　TEL：03-3823-9207
　　　　　　　　FAX：03-3823-9209
　　　　振　替　00180-7-96823
　　　　URL　http://www.toyokan.co.jp

[装　丁] 中濱健治
[イラスト] オセロ（赤川ちかこ）
[編集協力] 株式会社あいげん社
[本文デザイン] 竹内宏和（藤原印刷株式会社）
[印刷・製本] 藤原印刷株式会社

ISBN978-4-491-03499-7　　Printed in Japan

JCOPY　<(社)出版者著作権管理機構 委託出版物>
本書の無断複写は著作権法上での例外を除き禁じられています。複写される場合は、そのつど事前に、(社)出版者著作権管理機構（電話 03-3513-6969、FAX 03-3513-6979、e-mail: info@jcopy.or.jp）の許諾を得てください。